W0041759

Weißt du noch?

Von Messeonkels, Muckefuck
und „goldenen" Broilern

Geschichten und Episoden aus LEIPZIG
zu DDR-Zeiten

Birgit Horn-Kolditz

Weißt du noch?

Von Messeonkels, Muckefuck und „goldenen" Broilern

Geschichten und Episoden aus LEIPZIG zu DDR-Zeiten

Birgit Horn-Kolditz, Jahrgang 1957, besuchte in Leipzig die zehnklassige Polytechnische Oberschule. Nach einer zweijährigen Lehrausbildung arbeitete sie mehrere Jahre in ihrem Beruf als Archivarin außerhalb Leipzigs, ehe sie 1987 in ihre Heimatstadt zurückkehrte. Hier kann sie als „studierte" Archivarin und Historikerin im Stadtarchiv auf einen schier unerschöpflichen Schatz an stadtgeschichtlichen Quellen, darunter aus der DDR-Zeit, zurückgreifen. Diese Zeitzeugnisse, angereichert mit eigenen Erlebnissen und den Überlieferungen aus dem persönlichen Umfeld, bilden die Grundlage für den vorliegenden Band, der mit zahlreichen Fotografien und Dokumenten aus Privatbesitz sowie aus dem Bestand des Stadtarchivs Leipzig illustriert wurde.

1. Auflage 2006
Alle Rechte vorbehalten, auch die des auszugsweisen Nachdrucks und der fotomechanischen Wiedergabe.
Druck: Langner, Erlangen
Buchbinderische Verarbeitung: Buchbinderei Freitag, Kassel
© Herkules Verlag
34128 Kassel, Richard-Strauß-Straße 33, Tel. (0561) 9 37 17 38
www.Herkules-Verlag.de
ISBN 3-937924-45-0

Inhalt

Bockwurst und Vita-Cola • Geringe Einkommen – hohe Preise • Die Lebensmittelmarken fallen weg • Überfluss und Mangel • Bestellen per Katalog – Einkauf wie im Westen • Aus Cuba-Orangen wird Likör • Treffpunkt Kleinmesse • Kinder holen den Weihnachtsmann vom Bahnhof ab • Eins, zwei, drei – im Lispsi-Schritt contra Rock 'n' Roll • „Schnipselkästen" in Straßenbahn und Bus – Selbstbedienung auf dem Vormarsch • Lange warten auf 'nen PKW • Fernseher als Konkurrenz zum Kino? • Badezimmer und Anbaumöbel • Der Arbeitsalltag – bestimmt vom Kollektiv • Eine halbe Stunde mehr Freizeit – Einführung der 45-Stunden-Woche • Verändertes Familienbild, andere Familienfeiern

Goldbroiler, Spezitex und DEDERON • Bezugsscheine für Kartoffeln sind passé • Gefragt sind hochwertige „Konsumgüter" • Eingaben lösten nicht alle Probleme • „Auf dem Gebiet der Wäschemangeln ist die Lage angespannt ..." • Reparieren und Heimwerken • Neue Fasern versprechen modische Kleidung • Mit „Westgeld" in den Intershop • Auf die Gunst des Oberkellners angewiesen • Milchbar mit Selbstbedienung, Tanzbar nur für Messegäste • Jubel, Trubel, Festumzug – Leipzigs 800-Jahrfeier 1965 • „Beat-Aufstand" in Leipzig • Ansturm auf die „Blechbüchse" • Freizeit – sinnvoll nutzen • Urlaub à la DDR • „Da liegt Musike drin"

„Grilletta", die Antwort auf den „Hamburger" • „Bück-dich-Ware" oder „Beziehungen sind alles" • In den Regalen Büchsen und Kohlköpfe, in den Schaufenstern politische Losungen • Unzufriedenheit mit „Kaffee-Mix" • .. und „Präsent 20" • Mode – selbst gemacht • „deli", „ex" oder „Trabi" per Genex • Disko für die Jugend – das Angebot reichte oft nicht aus • ... und Ehekredit • Mit der „Bimmel" in die Stadt und dann zum Treffen beim Blumen-Hanisch

Nichts geht mehr seinen „sozialistischen Gang" • VMI und „Mach-mit" – Mobilisierung der Bevölkerung • Muss Leipzig der Kohle weichen? • Gut gekauft – gern gekauft? • Freie Tische, keine Plätze: „Sie werden plaziert" • Leipzig – eine Stadt der Bücher • Wehrkundeunterricht wurde 1989 abgesetzt • Ist Leipzig noch zu retten? • Wir bleiben hier – Leipziger Friedensgebete und Montagsdemos

Vorwort

Man hatte sich eingerichtet

W ie überall war das Alltagsleben der Menschen von materiellen sowie von individuellen Bedingungen abhängig. Neben dem Beruf und dem damit verbundenen finanziellen Einkommen spielten Alter, Geschlecht, Gesundheitszustand sowie politische, wirtschaftliche und soziale Aspekte eine wesentliche Rolle für die Stellung in der Gesellschaft und bei der Wahrnehmung des „real existierenden Sozialismus". Dies war in Leipzig in der Grundtendenz nicht viel anders als in anderen Großstädten der Republik. Und doch ermöglichte Leipzig als Messestadt mehr Blicke in die „Große Welt", bot als zweitgrößte Stadt der DDR mehr Raum für kulturelle und individuelle Nischen. Gleichzeitig schluckte die Anonymität der Großstadt aber auch soziale Konflikte und menschliche Tragödien.

Trotz der allgegenwärtigen Bevormundung und Kontrolle durch „Partei- und Sicherheitsorgane" hatten sich die meisten Leipziger im Alltag der DDR im doppelten Sinne des Wortes eingerichtet. Viele Familien verwenden auch heute noch Produkte aus dem Warenangebot der ehemaligen DDR. Diese reichen von elektrischen Geräten über Ausstattungen in Küche und Bad bis hin zur Bekleidung, von der sich zumindest die Kittelschürze bei der älteren Generation ungebrochener Beliebtheit erfreut. Sprechen ältere Leipziger über ihre Stadt, gehören die Trümmerbeseitigung in der Innenstadt und die gemeinsamen freiwilligen Arbeitsstunden beim Aufbau des Sportstadions, die feste Einbindung in die „Arbeitskollektive" ebenso wie die Erlebnisse bei Tanz- und Kulturveranstaltungen oder die Mühsal der alltäglichen Einkaufstouren bei „HO" und „Konsum" zu den Erinnerungen.

Der vorliegende Band will ein Stück Alltagsleben der Leipziger in der Nachkriegszeit bis zum Ende der DDR skizzieren.

Birgit Horn-Kolditz

Ausquartierung für den Messeonkel

Schwieriger Neuanfang der Leipziger Messe

Dem für die Leipziger sprichwörtlich verbrieften „Stehaufmänn-cheneffekt" ist die Wiederbelebung der Leipziger Messe nach dem Kriegsende sicher nicht allein zuzuschreiben. Was als Mustermesse im Oktober 1945 mit in überfüllten Zügen und Straßenbahnen anreisenden Besuchern begann und auf Befehl der sowjetischen Militärverwaltung ab Frühjahr 1946 wieder jährlich stattzufinden hatte, führte schließlich trotz aller innerdeutschen und internationalen politischen Spannungen und Auseinandersetzungen zur Neuetablierung Leipzigs als internationaler Handelsplatz. Welch wirtschaftliche Schwierigkeiten es dabei aus dem Weg zu räumen galt, mögen die Messegäste beim Gang durch die immer noch von Bomben beschädigten Straßen und Gebäude er-ahnt haben, selbst wenn zur Frühjahrsmesse 1947 der Querbahnsteig auf dem Hauptbahnhof weit gehend von Trümmern befreit war. Manches aus der Nachkriegszeit erscheint uns heute kaum mehr vor-stellbar, wie die Einrichtung eines **Hotels im Hauptbahnhof.** Dieses verfügte über einen **Ruheraum mit 100 Betten!** Auf einem Herd konnte man Getränke wärmen und Essen kochen.
Gerade die Versorgung mit dem täglich Nötigsten erforderte in den ersten Nachkriegsmonaten viel Eigeninitiative und Organisationstalent.

So wie die Lebensmittelmarken für die Leipziger blieben auch die Marken für die Messebesucher teilweise bis 1958 bestehen.

Dies galt auch für die Messegäste. Bei der Anreise brachte ein Großteil der Messebesucher eigenen Proviant mit. In einigen als **Messe-gaststätte** deklarierten Einrichtungen war es möglich, die Messeverpflegungsausweise gegen eine warme Mahlzeit einzulösen. Zu diesen Gaststätten, die Sonderzuteilung an **„Messekohlen"** für notdürftige Beheizung und vor allem für das Betreiben der Kohleherde erhielten, gehörten u.a. **„Auerbachs Keller"** oder **„Riebeck-Bräu"** in der Hainstraße.

Mercedes-Sterne und Messebesucher aus dem Westen

Jede Leipziger Messe hatte ihren „Schlager": 1959 war es ein Modell des „Sputniks", 1963 die „TU 125", 1965 der „Robotron 100", 1966 das Farbfernsehen aus Frankreich bzw. die Original Wostok-Raumkapsel aus der UdSSR, 1969 die erste Datenfernübertragung Leipzig-Moskau-Leipzig und 1987 die Weltraumfotografie mit der Multispektralkamara aus Jena.

Parkende PKWs zur Frühjahrsmesse 1948 vor dem Neuen Theater (Oper).

Die Leipziger versuchten indes einen der begehrten **Messeausweise** zu erstehen, um sich selbst ein Bild vom **technischen Fortschritt,** aber auch vom **modischen Chic,** vor allem aus der westlichen Welt zu machen. Dass sie dabei tonnenweise Hochglanzprospekte und Werbestifte in die heimischen Stuben mitnahmen und manch Utensil oder Werbebuch entnahmen, sei nur am Rande erwähnt.

Das Pfeife rauchende Maskottchen der Leipziger Messe, mit dem Hut auf dem Weltkugelkopf, wurde anlässlich der 800-Jahrfeier Leipzigs 1965 ins Leben gerufen.

Zu den jährlichen Bestsellern gehörten ohne Zweifel der **Messekatalog** und die Sonderausgaben der **Messe-Ersttagsbriefe.** 1965, anlässlich der 800-Jahrfeier Leipzigs, erblickte das Pfeife rauchende „**Messemännchen**" das Licht der Welt und gehört neben den Messeabzeichen bis heute zu den begehrten Messesouvenirs und Sammlerobjekten.

Von den Jugendlichen wurden alle Belehrungen der Klassenleiter oder der Direktoren in den oberen Klassenstufen, keine Messebesucher aus dem Westen anzusprechen, keine **Mercedes-Sterne** abzubrechen, ja lieber ganz die Innenstadt zu meiden, außer Acht gelassen. Wer allerdings besonders auffällig gegen diese Verbote verstieß, bekam nach der Messe verschiedene Sanktionen zu spüren.

Der „Messeonkel" kommt

Auf der anderen Seite hatten sich teilweise langjährige Beziehungen zwischen Leipziger Familien und ihren Messegästen, den **„Messeonkels"**, aufgebaut. Nach dem Kriegsende war Leipzigs Hotelkapazität drastisch gesunken. Internationale Besucher waren jedoch erforderlich, damit Leipzig wieder den Status als Weltmessestadt erreichte. Dazu mussten **Privatquartiere** gewonnen werden. Trotz der schweren Zerstörungen und der nicht unerheblichen Wohnungsverluste hatte die Stadt tausende Flüchtlinge und Vertriebene aufzunehmen. Deshalb war die Suche nach Privatquartieren gar nicht so einfach. Selbst nach dem Wiederaufbau einiger Leipziger Hotels oder dem Neubau der **Interhotels**, darunter das 1978–1981 von einem japanischen Unternehmen errichtete **Merkur,** wohnten viele Messegäste „privat".

Der **Erfindungsgeist der Leipzige**r beim Gewinnen der Messegastbetten kannte keine Grenzen: Die Palette reichte vom Zusammenrücken in der eigenen Wohnung bis zum befristeten Auszug zur Oma oder anderen Verwandten, in die Laube oder in sonstige Ausweichquartiere. Der begehrteste Nebeneffekt des vom Messeamt ausgezahlten Übernachtungsgeldes waren die persönlichen Zuwendungen der Messegäste, die sich über Strümpfe, Seife und Kaffee (natürlich Westprodukte, von denen einige sicher im Osten hergestellt worden waren) und einen ge-

9

legentlichen **Schein der anderen Währung**, in den späteren Jahren dann den **„Forumscheck"**, reichten.

Messe-Vergnügungen: „Leichte Mädchen" und die Stasi

Leipzig hatte seinen Messegästen auch in kultureller Hinsicht einiges zu bieten. Gesonderte Tanz- und Musikveranstaltungen für die Messegäste fanden u.a. im **Hotel „Elstertal"** (Rödelstraße 14), im **Tanzpalast Windorf**, in **„Mätzschkers Festsälen"** (Gießerstraße), im **„Goldenen Anker"** in Möckern oder im **„Felsenkeller"** an der Karl-Heine-Straße statt. Zu den bevorzugten Veranstaltungen gehörten die Messebälle. Gern besuchten die Messegäste neben den traditionellen Konzerten des Gewandhausorchesters Kabarett- und Theatervorstellungen.

Es verstand sich von selbst, dass die Leipziger während der Frühjahrs- und Herbstmesse den Messegästen aus aller Welt den Vortritt bei den extra arrangierten **„Messekulturveranstaltungen"** gewährten. Trotzdem ließen es sich weltoffene Leipzigern nicht nehmen, während der Messetage und insbesondere an den Messeabenden die **Tanz- und Nachtbars** in der Innenstadt aufzusuchen. Um etwas vom **internationalen Flair** zu erhaschen, waren sie bereit, die während der Messetage unverhältnismäßig hohen Preise für Speisen und Getränke zu „opfern". Für eine Flasche Sekt, die im Handel ca. 12 Mark kostete, zahlte man zum Beispiel in der **„Tanzbar Orion"** in der Nikolaistraße bis zu 60 Mark.

Luftaufnahme vom Universitätshochhaus Richtung Norden (mit Nikolaikirche, Leipzig-Information auf dem Sachsenplatz und dem Hotel Merkur), 1985.

Einzelne Messegäste ließen sich von professioneller Seite in den Hotels oder sonstigen Etablissements verwöhnen, ohne zu ahnen, dass besonders diese Kontakte mit den Leipziger „leichten Mädchen", die oft extra aus anderen Teilen der Republik angereist waren, gelegentlich von der Staatssicherheit eingefädelt oder zumindest nicht selten überwacht wurden.

Messewetter: Schneefräsen fuhren sich fest

Bei den Leipzigern hielt sich über Generationen die Vorhersage, egal wann die Messe terminlich beginnt, **zur Messe schneit es** – und wenn es der erste Schnee des Winters war. Zur Herbstmesse wurde **nebliges oder regnerisches Wetter** prognostiziert. Noch heute erinnern sich ältere Leipziger an die **Kältewelle 1956** oder den **Schneeeinbruch zur Jubiläumsmesse 1965**, als sich sogar Schneepflüge und Schneefräsen festfuhren und der Oberbürgermeister **Katastrophenalarm** auslöste. Arbeiter der Großbetriebe schippten gemeinsam mit Volkspolizisten und Angehörigen der Nationalen Volksarmee nachts Straßen und die Zugänge zu den Messehallen und -häusern frei. In Erinnerung sind den Leipzigern sicher auch die an den Eröffnungstagen bei frostigen Temperaturen zu verbringenden Stunden entlang der **Messemagistralen** geblieben, bei denen es galt, die **„hohen Gäste"** der eigenen Regierung und anderer Länder **winkend und jubelnd** zu begrüßen. Nicht selten regnete es dabei in Strömen. An derartige Wetterunbilden erinnern sich die Leipziger gleichermaßen im Zusammenhang mit anderen verordneten Freudentaumeln wie den jährlichen Demonstrationen zum 1. Mai, bei denen **„een Mal um den Ring gelatscht"** wurde, wie es umgangssprachlich hieß.

Kindheit und Jugend in Leipzig

Erziehung bei Oma und Opa – das war meist tabu

Kinder wurden in der DDR fast ausschließlich in Krankenhäusern geboren. Eine Hausgeburt oder ambulante Geburt war nicht vorgesehen, da es keine frei praktizierenden Hebammen mehr gab.

Kindergartenkinder beim Suchen der Osterüberraschung, 1953.

Seit den späten 1960er Jahren vollzog sich eine Umorientierung von der Dreikind- zur Zweikindfamilie, in den 80er Jahren dann zur Einkindfamilie. Fast 95 Prozent der Kinder besuchten größtenteils ganztags einen **Kindergarten**. Während Kindergärtenplätze meist ausreichend zur Verfügung standen, war es oft nicht einfach, einen **Krippenplatz** (Ganztagseinrichtung für Kleinkinder von 6 Monaten bis 3 Jahre) in unmittelbarer Wohn- oder Arbeitsnähe zu erhalten.

Wer seine frühe Kindheit allerdings bei Oma oder Verwandten verbrachte, dem fehlte ein Stück vom gemeinschaftlichen Lernen und Spielen im Kindergarten. Zur Vorbereitung auf den **„Ernst des Lebens"**, wie der Schulanfang den Kindern oftmals suggeriert wurde, nahm man als Ausgleich an der **„Vorschule"** teil, die in den Schulen organisiert wurde. Hier erlernten künftige Erstklässler u.a. das Schneiden mit der Bastelschere, ein wenig Rechnen (mit den Rechenstäbchen oder dem Rechenbrett) oder das Nennen des eigenen Namens und Adresse sowie den Beruf der Eltern aufzusagen.

Handarbeiten und Werken – polytechnische Ausbildung für alle

Zum Bildungskonzept in der DDR gehörte die polytechnische Ausbildung, die neben der Wissensvermittlung in den klassischen Lehrfächern mit unterschiedlichen (Pflicht-)Fächern Schülerinnen und Schüler an die praktische Arbeit heranführte. Bereits die Schüler der Unterstufe bestellten eigene Beete im Schulgarten und ernteten unter Anleitung eines Fachlehrers Obst und Gemüse. Im Werkunterricht lernte man verschiedene Materialien wie Holz und Metall kennen. In der Vorweihnachtszeit entstanden Geschenke für die Eltern wie Untersetzer oder Fotorahmen. Diese Fächer waren ebenso wie Handarbeiten gleichermaßen für Mädchen und Jungen obligatorisch.

Das Thema „Schulspeisung" wurde in den Volksschulen, die bis 1959 bestanden, als praktisches Beispiel in einer Rechenübung verwendet, September 1948.

Unterrichtstag in der sozialistischen Produktion (PA) im VEB Elguwa Leipzig, 1973.

Seit Anfang der 60er Jahre gehörte der **Unterrichtstag in der Produktion** (UTP) zum festen Bestandteil der polytechnischen Bildung ab Klasse 7. In extra geschaffenen Zentren und Kabinetten in den Leipziger Großbetrieben wie Galvanotechnik, Wollkämmerei oder Leuchtenbau lernten Schüler Feilen und Sägen, wurden mit Arbeitsabläufen in der Produktion vertraut gemacht und stellten gleichzeitig unentgeltlich Waren her, die im Produktionssoll bereits fest eingeplant waren. Ebenso wie in **ESP** (Einführung in die sozialistische Produktion) sollte im Unterrichtsfach Technisches Zeichnen ein Minimum an technischer Grundbildung vermittelt werden.

Schüler erbrachten während der Schulferien gegen Entlohnung produktive Leistungen in Betrieben oder halfen bei der **Obst- und Kartoffelernte**. Auch in Einrichtungen des Groß- und Einzelhandels waren die Schüler insbesondere in der Urlaubszeit wichtige Aushilfen.

Wo findet man die passende Sportkleidung

In der DDR gab es keine einheitliche Schulkleidung. Eine Ausnahme bildete lediglich zu bestimmten Anlässen das Tragen der Pionierkleidung (blaue

Hose oder Rock, weißes Hemd oder Bluse, sowie in Abhängigkeit vom Alter das blaue oder rote Halstuch) oder der obligatorischen blauen Hemden und Blusen mit aufgehender Sonne der FDJ-ler.

Dagegen bestanden in den meisten Schulen genaue Vorstellungen über die Sportkleidung. Für die Mädchen gehörten dazu ein **schwarzer Gymnastikanzug** und **Gymnastikslipper.** Für die Jungen wur-

Hoffnung auf passende Sportkleidung ...

den **Turnhose und Achselhemd** in den **Schulfarben** akzeptiert. Bei der Sportbekleidung war es für die Eltern nicht immer einfach, das Gewünschte in entsprechender Größe und Farbe zu erwerben. So passierte es immer wieder, dass eine Reihe weinrot behoster Jungenbeine jäh durch ein leuchtendes Rot oder gar ein völlig unpassendes Blau unterbrochen wurde.

Basteln im Hort, Straßenspiele zu Hause ...

Die Zeit vor dem Unterrichtsbeginn und die Nachmittage verbrachten die Schüler der 1. bis 4. Klasse auf Grund der weitgehenden Berufstätigkeit beider Elternteile größtenteils im Hort. Hier erledigten sie nach der Mittagsruhe gemeinsam die Hausaufgaben und vertrieben sich die Zeit bis zum Heimweg mit Basteln, Spielen, Sport oder anderen betreuten Beschäftigungen.

Der alte Holzroller war passé, ein Roller mit Luftbereifung musste her. (Foto Herkules Verlag)

Spielen auf der Straße mit dem Reifen. (Foto Herkules Verlag)

Beliebte Spiele waren je nach Altersgruppe **„Huppe"** (Himmel und Hölle), **„Völkerball"**, **„Fischer, wie hoch steht das Wasser?"**, **„Hasche"** (Fangen) oder **„Der Plumpsack geht rum"**, die von Generation zu Generation weitergegeben wurden. Daneben fanden natürlich **Indianer- und Murmelspiele**, Fußball, Handball, Basketball, Volleyball und Tischtennis besonderen Anklang. Dafür boten sich in allen Wohngebieten Möglichkeiten, auch wenn es nicht immer ein perfekt gestalteter Sportplatz war.

Zwischen Kür und Pflicht – Literaturzirkel und Schulwandzeitung

Ein Großteil der Freizeit der Schüler blieb den außerschulischen Aktivitäten vorbehalten, die sich oft auf mehrere Nachmittage in der Woche erstreckten. Getragen von der **Pionier- und Jugendorganisation** (FDJ) bestanden Arbeitsgemeinschaften aller Art, die durch ein breites Angebot an sportlichen, fotografischen bis kulturellen Betätigungen möglichst viele Kinder und Jugendliche einbeziehen sollten.

Vielfältige Möglichkeiten bot neben den **Kulturhäusern**, den **Schulklubs** und den späteren **Jugend- und Freizeittreffs** vor allem das **Pionierhaus „Georg Schwarz"** in der Leibnizstraße mit dem **Pionierfilmstudio** oder dem **Pioniertheater**. Viele Schüler, selbst aus den höheren Klassenstufen, engagierten sich darüber hinaus in ihrem schulischen Umfeld, betreuten jüngere Hortkinder oder halfen in den **Ferienspielen**, arbeiteten im Schulgarten oder verwalteten die Schulbibliothek.

Schüler bei Konstruktionsarbeiten in der Arbeitsgemeinschaft Segelflug/ Modellbau der 23. POS, Kieler Str. 72b.

Jugendliche versammelten sich eher in den meist von der FDJ verwalteten Jugendklubs und -klubhäusern.

Auf der anderen Seite gab es ein **Pflichtprogramm**, resultierend aus der von Partei und Regierung geforderten politisch-ideologischen Arbeit mit den Kindern und Jugendlichen. So gehörten die Gestaltung von Wandzeitungen zu aktuellen Ereignissen bzw. zu den jährlich wiederkehrenden Jahrestagen, das **Aufmarschieren** und **Strammstehen** bei den Fahnenappellen auf dem Schulhof oder das Tragen von Fahnen oder Losungen bei den jährlichen Maidemonstrationen zu den weniger beliebten Aktivitäten. Nicht alle Schüler passten sich dem geforderten Verhalten in der Schule an und nicht wenige gerieten dadurch in

Konflikt mit Lehrern und Direktoren ihrer Einrichtungen. In schweren Fällen führte dies zu schlechterer Benotung, zur Nichtdelegierung zur „Erweiterten Oberschule" oder zur Relegierung von der Schule.

Nudelsuppe in der „Domholzschänke"

Populär waren bei den Leipziger Schulkindern aller Jahrgänge die Wandertage und Klassenfahrten, wobei die inhaltliche Gestaltung zwischen Schülerwunsch und Lehrerprogramm stark differieren konnte. Die meisten Schüler waren schon zufrieden, wenn die eigenen Eltern nicht als Begleitperson und zur Unterstützung der Lehrkraft fungierten. Die Wandertage führten in Abhängigkeit von der Klassenstufe in die Stadt Leipzig selbst oder in die nähere Umgebung. Besonders beliebt waren seitens der Lehrer **Museumsbesuche**, während die Schüler wohl den **Zoo** oder Ausflüge in den **Leipziger Auwald** bevorzugten. Diese konnten in der Regel mit der Straßenbahn unternommen werden. Gewandert wurde von der Endstelle der jeweiligen Straßenbahnlinie zum Beispiel zum **Forsthaus Raschwitz**, an den **Elsterstausee** oder um den **Auensee**. Zur obligatorischen **Marschverpflegung** im **Campingbeutel** gehörten „Bemmen", Äpfel, Tee oder Saft (der in der DDR Juice hieß). Mittags gab es in der Regel ein gemeinsames Essen in einer Ausflugsgaststätte wie der **„Domholzschänke"** im Leipziger Auwald. Nicht selten bestand dieses aus **Kartoffelsalat mit Bockwurst** oder **Nudelsuppe**.

Gebäude der Domholzschänke mit dem Freisitz. (Aufnahme um 1940)

Die Wandertage in den höheren Klassenstufen fanden noch bis in die 80er Jahre meist als Zwei- oder Dreitagesfahrten statt und führten in eine der zahlreichen Jugendherbergen in der DDR, in denen man preiswert übernachten konnte. In der Regel mussten Frühstück und Abendbrot selbst zubereitet werden, während das Mittagessen entweder nach einer Betriebsbesichtigung in der jeweiligen Kantine oder in einer vorbestellten Gaststätte eingenommen wurde. Die Klassenfahrten und Wandertage wurden vor allem genutzt, um die Heimat DDR zu erkunden.

Rodeln auf der „Warze"

Der sich südlich an den **Johannapark** anschließende **Clara-Zetkin-Park** mit den Parkteilen Albertgarten, Scheibenholz, dem Klingerpark und dem Palmengarten bot vielfältige Möglichkeiten für aktive und passive Erholung. Baumgruppen spendeten dem Lesenden und Ausruhenden Schatten, während die Kinder die Spielplätze in Beschlag nahmen.

Parkgaststätte im Clara-Zetkin-Park, um 1950.

Schlittenfahren: Und der kleine Bruder war immer dabei. (Foto Herkules Verlag)

Für die leibliche Versorgung stand die **Parkgaststätte** zur Verfügung, die **Parkbühne** sorgte für ein buntes Unterhaltungsprogramm: Die Kinder liebten den „**Clara-Park**", wie er in Kurzform genannt wird, besonders wegen der weit und breit einzigen **Anhöhe zum Rodeln**. Bei der kleinsten Schneemenge war die „**Warze**" sofort dicht umlagert

17

und unzählige Steppkes genossen mit ihren Schlitten, allein oder in Begleitung der Eltern, die Abfahrt.

Zum Rodeln wurde im Stadtgebiet jeder Hügel, und war er noch so klein, genutzt. Egal, ob es sich dabei um Erdaufschüttungen an den Sportplätzen oder kleine Hänge in den Grünanlagen handelte.

Ham'se Gläser oder Altpapier? – die DDR-spezifische Sammelart

Angesichts der Mangelerscheinungen bei Rohstoffen wurde in der DDR sprichwörtlich „aus allem etwas gemacht". Dies galt insbesondere für die Wiederverwendung von Flaschen und Gläsern sowie das Sammeln von Altpapier und Lumpen. Eigentlich war jeder aufgerufen, sich an der **„Sekundärrohstofferfassung"** zu beteiligen. Dies galt für alle Alters- und Bevölkerungsgruppen. Die Abgabe der wertvollen Rohstoffe aus den Haushalten erfolgte in den eigens dafür eingerichteten **Sero-Sammelstellen**. Pro Kilogramm Zeitungspapier (gebündelt) gab es 30 Pfennig, für Flaschen und Gläser zwischen 5 und 20 Pfennig pro Stück.

Sammelstelle für Altstoffe.

Dies war insbesondere für Rentner sowie Kinder und Jugendliche eine Möglichkeit, sich das Taschengeld oder die bescheidene Mindestrente aufzubessern. Allerdings wurde diese individuelle Tätigkeit vom gesellschaftlich organisierten Sammeln weitaus übertroffen und nicht selten eingeschränkt. Denn Altpapier, Flaschen und Gläser wurden bevorzugt in den Kindereinrichtungen gesammelt. Oft diente der Erlös für den Ankauf von Spielgeräten oder die Ausrichtungen des Internationalen Kindertages am 1. Juni. Meist mussten damit aber Auflagen der übergeordneten Stellen erfüllt oder Spendenaufrufe zur

Internationalen Solidarität abgedeckt werden. **Flaschensammeln** war ebenso regelmäßiger Inhalt der Pioniernachmittage, an denen die Schüler und Schülerinnen einer Klasse oder der ganzen Schule in die umliegenden Wohngebiete ausschwärmten, um an allen Türen zu „bimmeln" und mit der steten Wiederholung **„Ham'se Flaschen, Gläser oder Altpapier"** die begehrte Sammelware zu ergattern.

Zum Kinderfasching mit Meister Nadelöhr

Besonders beliebt für die Ausgestaltung von Kindertags- und Weihnachtsfeiern waren die im **„Haus der heiteren Muse"** angebotenen Veranstaltungen. Neben **„Kinderfasching mit Meister Nadelöhr"** (einer Figur aus dem Kinderfernsehen seit 1962) wurden Märcheninszenierungen und bunte Unterhaltungsprogramme aufgeführt. In der Regel waren die Vorstellungen lange vorher ausverkauft. In der Vorweihnachtszeit erschien der Weihnachtsmann, die Kinder wurden zum Gedichtaufsagen oder Liedersingen aufgefordert und erhielten die von den Eltern vorher abgegebenen Weihnachtspäckchen überreicht.

Alltagsleben – so wohnte man

Sonnabends wird gebadet

In vielen Ein- und Mehrfamilienhäusern aus der Vorkriegszeit sowie den Neubauten der 50er Jahre gehörten Innen-WC und Bad zum Standard. Auch Gemeinschaftsbäder in den Kellerräumen waren für ältere Mehrfamlienhäuser nicht untypisch. Meist waren diese Häuser jedoch nicht am zentralen Fernwärmenetz angeschlossen.

Samstags war Badetag ...

... später in der Plaste-Wanne.
(Fotos Herkules Verlag)

Körperpflege im Kinderferienlager
Königsstein des VEB Äthera
(Ätherische Öle) Leipzig, 1952.

Für eine Badewannenfüllung musste der **Badeofen** mit Holz und Kohle gefüttert oder Wasser auf dem Gas- oder Elektroherd erwärmt werden. In vielen Familien wurde das heiße Wasser einer Wannenfüllung aus Sparsamkeitsgründen für mehrere Badeteilnehmer genutzt.

Dieser kleine Luxus galt allerdings nicht für Altbauten in den ehemaligen Arbeitervierteln, wo das **WC im Treppenhaus** lag, im Winter die Wasserrohre leicht einfroren und im Sommer oft der Wasserdruck sehr niedrig war. Hier blieb nur eine Nutzung der **öffentlichen Bäder** (die teilweise über Wannenbäder verfügten), das Anheizen der Kessel in Waschküchen oder das bereits genannte Wassererhitzen in der Küche, um in einer **Zink- bzw. später der Baby(plaste)wanne** ein partielles Bad zu nehmen.

Aufbaustunden für die eigenen vier Wände

Viele Familien versuchten, über die Mitgliedschaft in einer **AWG** (Arbeiter-Wohnungsbau-Genossenschaft) eine Wohnung zu erhalten.

„Ersatzbad" im
Küchenbecken,
um 1959.

Das bedeutete, dass je nach den Aufnahmebedingungen pro Mitglied zwischen 500 und 1 000 unentgeltliche Arbeitsstunden geleistet werden mussten. Außerdem waren Genossenschaftsanteile je nach Wohnungsgröße in bar zu zahlen.

*Zerstörte Wohnungen und Bomben-
trichter in der Clausewitzstraße.*

*Wohnbaracken, Behelfsheime, ja
selbst Wohnwagen dienten den
ausgebombten Leipzigern und den
Flüchtlingen und Vertriebenen
als Notunterkunft. Die Aufnahme
zeigt Teile des Umsiedlerlagers
Diezmannstraße, 1947.*

Oft verfügten Betriebe über eine eigene Wohnungsbaugesellschaft oder
erhielten Kontingente im Rahmen der staatlichen Wohnungsvergabe.
Auf diese Weise bezogen zum Beispiel im Jahr 1957 Beschäftigte
der polygrafischen Betriebe 40 AWG-Wohnungen in der Arthur-
Hoffmann-Straße.

Eine eigene Wohnung war wie ein Lottogewinn

Wer noch keinen eigenen oder nach seiner Meinung zu wenig
Wohnraum besaß, musste einen **Wohnungsantrag** beim zuständigen Rat des Stadtbezirkes stellen. Dieser Antrag wurde nur angenommen und registriert, wenn die Dringlichkeit und der Bedarf amtlicher-
seits überhaupt anerkannt wurden. Bei Familien mit Kindern bestand
nicht automatisch Anspruch auf getrennte Kinderzimmer. Wurde der
Wohnungsantrag abgelehnt, blieb den Wohnungssuchenden nur der
Weg, sich beim zuständigen örtlichen Staatsorgan oder an allerhöchs-
ter Stelle zu beschweren.

Enttrümmerung 1946.

*Übergabe der neuen
Wohnbebauung am Ring, 1956.*

Jungen Leuten wurde in den 70er
und 80er Jahren oft eine völlig herun-
tergekommene **„Ausbauwohnung"**
angeboten. Diese hatte in der Regel
lange leer gestanden und war schwer

zu vermieten. Mit eigener Muskelkraft und tatkräftiger Unterstützung der
Freunde und Bekannten, der **„Arbeitskollektive"** sowie der erforderlichen **Beziehungen** für den Erwerb von Baumaterial wurde diese dann
wieder bewohnbar gemacht.

„Platte" als Privileg

Wer eine Neubauwohnung im Erstbezug erhielt, gehörte in der DDR
zu den Privilegierten. Über 80 Prozent der Bewohner der ab Mitte der

*Aufbaustunden für den
Wohnungsbau an der
Max-Liebermann-Straße.*

70er Jahre entstandenen Plattenbausiedlun Grünau waren alteingesesse-
ne Bürger Leipzigs, die froh waren, ihre maroden Altbauwohnungen im
Stadtgebiet verlassen zu können.
Meist entstand aus dem gemeinsamen Einzug eine enge Beziehung
in der **Hausgemeinschaft**, die sich durch gegenseitige Hilfe und
Unterstützung, den gemeinsamen Ausbau eines **Hobbyraumes** und
die **Hausgemeinschaftsfeste** auszeichnete.

Alle, die eine Neubauwohnung der WBS70-Serie zugewiesen bekamen,
hatten die gleichen Probleme: Risse in den Wänden, drohende Stock-
oder Schimmelflecke, wenn der Abstand zwischen Wand und Möbeln
geringer als fünf Zentimeter war. Sie hatten dieselben Erlebnisse beim
Versuch, Schrauben oder Nägel in die Wände einzubringen. Alle Wohnungen hatten weitgehend ein und dieselbe Ausstattung: PVC-Fuß-
bodenbeläge oder Spannteppich, Thermo- und Wärmedämmfenster aus
Holz, nicht gefliste, sondern mit einem plastbeschichteten Gewebe
ausgekleidete, meist fensterlose Bäder und WCs, zentrale Versorgung
mit Warmwasser und Heizung sowie Gemeinschaftsantennen für Rundfunk und Fernsehempfang. Aufzüge waren nur für die Neun-, Elf- oder
16-Geschosser vorgesehen. Trotz vieler Verarbeitungsmängel war der
Wohnstandard für DDR-Verhältnisse relativ hoch. Am meisten fielen die
Fernwärmeversorgung, Warmwasser und Bad mit WC ins Gewicht.
Ein obligatorischer **Telefonanschluss** war nicht automatisch mit einer Neubauwohnung verbunden – erst 1997 konnten alle Leipziger
Haushalte ans Telefonnetz angeschlossen werden! Bis dahin dominierten im Stadtbild **öffentliche Telefonzellen**.

Möbel genormt – Anbauwände und Mini-Küchen

Die Möbelfirmen passten sich schnell den genormten Wohngrößen an
und produzieren vorwiegend Schrankwände für die Neubauwohnungen.
Durch das einseitige Angebot im Handel glichen sich die Wohnhäuser
nicht nur von außen – auch die Innenausstattung mit den vorgegebe-
nen Grundrissen ließ wenig Gestaltungsräume offen.

Hier sorgten vor allem individueller Geschmack und eigene Kreativität da-
für, dass hinter der Wohnungstür persönliche Vorlieben sichtbar wurden.
Der Mietpreis in den Neubauwohnungen betrug einheitlich zwischen
80 Pfennig und ca. 1,50 Mark pro Quadratmeter im Monat, je nach
Ausstattung und Lage. Bis zum Ende der DDR zahlte man zum
Beispiel in Sellerhausen für eine 60 qm große Dreiraumwohnung mit

Neben den typischen Neubauwohnungen der Serien P2 und WBS 70 entstanden auch mit staatlicher Förderung typgerechte Reihenhäuser wie hier in der Eigenheimsiedlung an der Naunhofer Straße, Aufnahme 1979. Die durchschnittlichen Kosten für ein Eigenheim betrugen 100 000 Mark, wobei staatliche Kredite in Höhe von 50 000 – 70 000 Mark in Anspruch genommen werden konnten.

Küche und Bad in der Regel um die 90 Mark. Da bis auf den eigenen Stromverbrauch alle Nebenkosten in der günstigen Grundmiete enthalten waren, musste beim Warmwasser und bei der Heizung nicht gespart werden.

Naherholung in Leipzig

„Wo de Bleiße blätschert ...“

Leipzig ist eine „Wasserstadt" – nicht erst seit Entstehen der Seenlandschaft im südlichen Raum. Wer dies bezweifelt, schaue sich selbst einen Stadtplan aus den 1970er Jahren an! Deutlich erkennbar sind Parthe und Rietzschke, das Pleißen- und Elsterflutbett, das Elsterbecken, Weiße Elster und Luppe sowie der Saale-Elster-Kanal. Nur im Stadtzentrum wird man den Verlauf von Pleiße und Elster vergeblich suchen. Bereits in den 1920–1930er Jahren wurden die Flussläufe von Elster und Pleiße verändert. Die Pleiße transportierte durch die zunehmende Industrialisierung der Messestadt sowie die Einleitung ungeklärter Abwässer, auch aus den Werken in Böhlen und Espenhain, ihre stinkenden phenolhaltigen Schaumkronen mitten durch Leipzig. **An Umweltschutz im heutigen Sinne wurde nicht gedacht** – im Vordergrund stand die Produktion. Des-

Schwimmunterricht im Leipziger Schreberbad, 1947.

halb begann Mitte der 50er Jahre die Verlegung von Wölbleitungen für Pleiße und Elstermühlgraben. Fortan „blätscherte" die Pleiße unterirdisch. Erst nach 1990 führten die Bemühungen des Vereins „Neue Ufer" zu einer Öffnung der Überbauungen und beförderten die **Pleiße ans Licht**. Seit einiger Zeit kann man wieder am Pleißeufer wandeln und in Ruhe **„een Schälchen Heesen"** genießen.

Als Badegast im Freibad ...

Im Sommer besuchten die Leipziger verschiedene Freibäder. Das zentral und idyllisch gelegene **Schreberbad** im Zentrum wurde im Krieg stark zerstört und nach 1950 originalgetreu wieder aufgebaut. Noch immer erfreuen sich das **Sommerbad Kleinzschocher** oder das **Sommerbad Schönefeld** großer Beliebtheit. Das **Germania-Bad** am Schleußiger Weg musste dagegen den Bauarbeiten für die Bundesstraße 2 weichen. Andere Freibäder verfielen aus Geldmangel, wie das **Prießnitzbad**, das 1988 geschlossen und abgerissen wurde.

Badestrand am Auensee, 1950.

... oder im Grünen

Eines der beliebtesten Ausflugsziele der Leipziger, vieler Klassenfahrten und Wandertage war und ist der **Auensee** mit der angrenzenden Burgaue im Westen Leipzigs. Am östlichen Ufer des Sees befindet sich das ursprünglich mit Ostseesand ausgestattete Badeareal. Allerdings musste der Badebetrieb wegen des Blaualgenbefalls in

25

den 1980er Jahren eingestellt werden. Die Hauptgaststätte, zu DDR-Zeiten bekannt als **„Haus Auensee"**, wurde 1985 zum **Jugend-, Tanz-und Freizeitzentrum** ausgebaut. Neben dem Bootsverleih lockten Fahrten mit dem **Motorschiff „Weltfrieden"** Besucher an.

Seit 1951 umrundet die Leipziger Pioniereisenbahn (jetzt Parkeisenbahn) den Auensee im Ortsteil Wahren.

Besonders beliebt sind noch heute die Fahrten mit der kleinen Schmalspurbahn, damals **Pioniereisenbahn**, heute Parkeisenbahn, die seit 1951 ihre Runden auf dem Schienenstrang um den See zieht. Hunderte Leipziger eisenbahnbegeisterte Kinder verbrachten hier ihre Freizeit und wurden unter sachkundiger Anleitung zu Schaffnern, Fahrkartenverkäufern, Maschinisten und Lokführern ausgebildet.

Am südwestlichen Stadtrand Leipzigs lockte der bereits 1935 angelegte **Elsterstausee** Erholungsbedürftige und Badegäste an. Nach dem Kriegsende wurde der 35 000 Quadratmeter große Badestrand eingeweiht. Im **„Volkspark Knauthain am Stausee"** entstanden Umkleidegelegenheiten und Bootsanlegestellen, auf dem See verkehrte sogar ein Motorboot. Im Winter konnten die Leipziger **Schlittschuh laufen** oder **eissegeln**. Selbst Segelregatten fanden auf dem See statt. Durch das Herannahen des Braunkohlentagebaus Zwenkau wurde der Stausee nach 1976 für die Naherholung geschlossen. Erst 1983 öffnete er sich, allerdings wesentlich verkleinert, wieder für die Badegäste.

Um die überfüllten Freibäder zu entlasten, wurden bereits mit Wasser ausgefüllte Kies- und Kohlengruben ausgebaut. Das Gelände um den an der Straße zwischen Schönefeld und Thekla liegenden **„Bagger"** wurde zwischen 1961 und 1971 zum **Naherholungszentrum „Naturbad Nordost"** umgestaltet. Die an heißen Tagen bis zu 5 000 Badefreudigen nutzten neben der Abkühlung bei freiem Eintritt Freischach- und Minigolfanlagen, Spielplätze und Schaukel oder besuchten im Sommer das **„Freilichtkino"**.

*Sommerkino am
Kulkwitzer See, 1984.*

Aus Mitteln der DDR-Lottogesellschaft entstand nach 1968 und unterstützt durch mehr oder weniger freiwillige Arbeitseinsätze der Arbeiter des VEB Gießereianlagen durch die Umgestaltung der ehemaligen Kiesgrube Großzschocher das **„Naturbad Südwest".**

Der aus Tagebaurestlöchern entstandene **Kulkwitzer See** entwickelte sich zur **„Badewanne Leipzigs"** und wird vor allem von den Einwohnern des Neubaugebietes Grünau geschätzt. Schon vor der offiziellen Eröffnung des **„Kulki"** als Naherholungsgebiet im August 1973 herrschte an den Ufern reger Badebetrieb. Mit seiner Fläche von rd. 450 ha bot er neben den Spiel- und Wassersportmöglichkeiten verschiedene gastronomische (Schiffsgaststätte „MS Leipzig") und kulturelle Angebote (Sommerkino). FKK-Strand und Campingplatz mit Finnhütten und Bungalows ziehen nach wie vor tausende Naturbegeisterte an.

Planschbecken in Wohngebieten

Bei Kindern beliebt waren die **Planschbecken,** die sich mitten in den Wohngebieten oder in Kleingartenvereinen befanden. Allerdings wiesen diese aufgrund des stehenden Wassers und mangelnder Pflege erhebliche hygienische Mängel auf, so dass sie bis auf das „Kinderplanscher Robbe" am Eutritzscher Park zu Blumenrabatten und Spielplätzen umfunktioniert wurden oder brachlagen. Offiziell nicht gestattet, aber zu DDR-Zeiten toleriert, nutzten vorwiegend die Kinder die Springbrunnen und Wasserbecken in der Innenstadt wie vor dem „Ring-Café" zur Erfrischung an warmen Tagen.

27

Es gab auch schon ein Wellenbad

In Leipzig war sogar Hunden das Baden in einem Hallenbad erlaubt, wenn diese Ausnahmen auch nicht bis zum Ende der DDR Bestand hatten: Keine andere Einrichtung konnte mit so vielen Angeboten werben wie das **Stadtbad an der Eutritzscher Straße**. Neben verschiedenen Wannen- und Schwitzbädern und einem orthopädischen Turnsaal bot das zwischen 1913 und 1916 errichtete architektonische Kleinod als Besonderheit im Herrenbecken ein Wellenbad. Neben dem eigentlichen Badebetrieb wurden verschiedene Dienstleistungen angeboten, wie eine eigene Wäscherei, Frisör und gesonderte Räume für die **Hundepflege und -verwahrung**. Erst in den 80er Jahren wurde das **Hundebadebecken zum Kindertherapiebecken** umgebaut.

„Sportfrei" in Leipzig

Schneller, höher und weiter

Nach dem Kriegsende wurden zunächst alle Sportstätten in städtische Verwaltung übernommen.

Bereits im Sommer/Herbst 1945 fanden in Leipzig die ersten Sportveranstaltungen statt: Anzeigen im Informationsblatt der Stadt Leipzig warben für den Besuch von **Galopprennen** auf der **Pferderennbahn** am Scheibenholz. Besonderes Interesse fanden bei den **Leipzigern Box-Wettkämpfe** auf dem Messegelände oder im **Zirkus Aeros** (später **„Haus der Heiteren Muse"**), **Radrennen** auf der Alfred-Rosch-Kampfbahn in Kleinzschocher oder **Kleinwagen-Autorennen** am Messegelände.

Das 1. Leipziger Stadtparkrennen fand am 8. und 9. Juli 1950 statt.

Die **Leipziger Volkszeitung** richtete im August 1946 **„Sächsische Sporttage"** aus. Die Wettkämpfe fanden in verschiedenen Sportstätten

Leipzigs statt: im Sportstadion Probstheida Boxen, Fußball und Ringen, Schwimmwettkämpfe und Wasserball im Südostbad an der Oststraße und die Ruder- und Kanuregatta am Stausee in Knautkleeberg.

Zu den Sportidolen in der DDR gehörte auch Gustav-Adolf (Täve) Schur, hier bei einer Werbefahrt der Friedensfahrer im April 1958 in Leipzig.

Zu den besonderen sportlichen Höhepunkten zählten für die Leipziger die **Zielankünfte der Internationalen Friedensfahrt**. Dicht gedrängt standen die Menschen an den Straßenrändern und jubelten ihren Sportidolen zu, zu denen an erster Stelle sicher **Gustav-Adolf Schur** (von allen nur „Täve" genannt), gehörte. Für die Schüler der Leipziger Ober- und Berufsschüler wurden in Anlehnung an die „Große Friedensfahrt" Radrennen auf der **Kleinen Scheibenholz-Rundstrecke** ausgetragen.

Nach dem Kriegsende wurde die Tradition der **Deutschen Turnfeste** in Ostdeutschland wieder aufgenommen. Seit den 1950er Jahren war Leipzig ständiger Austragungsort der Sportfeste. Im Rahmen des II. Deutschen Turn- und Sportfestes vom 18. bis 22. August 1956 hatte die „Sportschau" als neue Art der Massenübung Premiere. Auf der Osttribüne wurde erstmals von 12 000 Schrift- und Bildermalern eine Folge von Bildern gezeigt. Die bis 1987 insgesamt acht Turn- und Sportfeste der DDR erreichten Teilnehmerzahlen von bis zu über 100 000 pro Veranstaltung.

Tausende beim Bau des Zentralstadions

Von der großen Sportbegeisterung der Leipziger und dem allgemeinen Aufbauwillen in den 50er Jahren zeugt der Bau des Stadions an der Jahnallee. Das Gelände des späteren Sportforums an den ehemaligen Frankfurter Wiesen diente seit 1944 als Sammelplatz für Trümmer aus der Leipziger Innenstadt. Hier sollte das über 100 000 Zuschauer fassende größte Stadion Deutschlands und eines der größten der Welt entstehen.

Das Zentralstadion war Austragungsort für zahlreiche Fußballspiele und Sportwettkämpfe. Hier fanden auch die Eröffnungsveranstaltungen bei allen Turn- und Sportfesten der DDR statt. Diese Ansichtskarte zeigt Turnübungen am Boden der Arena.

Bereits 1952 wurde das **Schwimmstadion** an der Friedrich-Ebert-Straße als eine neue Wettkampf- und Trainingsstätte eingeweiht, die Platz für 9 200 Zuschauer bot. Viele DDR-Meisterschaften und Spartakiaden fanden hier statt. Leipziger Schwimm- und Wassersportler wie **Britta Baldus, Kristin Otto** oder **Roger Pyttel** holten zu DDR-Zeiten zahlreiche nationale und internationale Medaillen.

Auch die **Festwiese** konnte bereits 1952 ihrer Bestimmung übergeben werden. Der Bau für die 1950 gegründete **Sporthochschule** (DHFK) begann 1952 und wurde 1958 fertig gestellt. Zwischen 1957 und 1960 wurden außerdem **Stadien für Volleyball**, **Basketball, Tennisplätze,** eine **Laufhalle** auf der **Nordanlage** sowie ein **Hockeystadion** für 15 000 Zuschauer östlich der Festwiese errichtet.

Am 2. Mai 1956 wurde das **„Stadion der Hunderttausend"** nach nur 15 Monaten Bauzeit anlässlich des II. Turn- und Sportfestes der DDR, an dem 120 000 Sportler und Besucher aus beiden deutschen Staaten teilnahmen, eingeweiht. Rund 1,5 Millionen Kubikmeter Trümmerschutt wurden in den 23 Meter hoher Damm eingearbeitet, an dem die 76 Sitzreihen angelegt worden sind. Der Bau des Stadions wurde in der DDR zum Symbol des NAW (Nationalen Aufbauwerks).

Mehr als 180 000 Leipziger leisteten über 735 000 unentgeltliche frei-willige Arbeitsstunden, vorwiegend an Sonntagen, da an Sonnabenden ja noch regulär gearbeitet wurde.

Die Leipziger Jungpioniere sammelten 70 Zentner Schrott für die Bronzeglocke im 46 Meter hohen **„Werner-Seelenbinder-Turm"** (später Friedensturm).

Die Eröffnung des Sportfestes nahm vor dem Völkerschlachtdenkmal der aus Leipzig gebürtige **Walter Ulbricht** als Staats- und Parteichef der DDR vor. In 29 Sportarten ermittelten 18 689 Aktive die Besten. Turnfestsieger im olympischen Zwölfkampf wurde der Leipziger **Heinz Otto Werner**, Siegerin im Achtkampf die Leipzigerin **Roselore Stöbe**. Höhepunkte des Festes waren die **Sportschau** der 27 000 Sportlerinnen und Sportler am 4. August 1956 und die **Abschlussveranstaltung** mit einem Riesenfeuerwerk tags darauf. In den folgenden Jahren erlebten die Leipziger spannende Wettkämpfe im **Zentralstadion** wie beim WM-Qualifikationsspiel DDR gegen die CSR am 27. Oktober 1957 mit einem Besucherrekord von 110.000 Gästen. Auf dem Spielfeld fanden bis 1987 u.a. 50 Fußballländerspiele und bis 1988 zahlreiche Europapokalspiele statt.

Apropos, Fußball – Leipzig besaß zwei leistungsstarke Oberligamann-schaften. 1948 hatte sich bereits die Fußballmannschaft SC Leutzsch gegründet, die dann als Chemie Leipzig 1950/51 und 1963/64 DDR-Fußballmeister und 1965/66 DDR-Fußballpokalsieger wurde. Die zweite Mannschaft war der 1. FC Lokomotive Leipzig (unter diesem Namen ab 1966), der im Zeitraum 1966-1991 der erfolgreichere Fußballklub der Stadt Leipzig war. Der 1. FC Lok Leipzig war u.a. viermal DDR-Pokalsieger.

Sich als Anhänger von Lok oder Chemie zu offenbaren, kam in Leipzig fast einem weltanschaulichen Bekenntnis gleich. Lokalderbys zwischen den Blau-Gelben und den Grün-Weißen brachten das Zentralstadion zum Kochen und erforderten von den Sicherheitskräften erhöhte Einsatzbereitschaft. Unvergessene Namen der Leipziger Fußball-Ära sind u.a. **Bernd Bauspieß, Henning Frenzel, Uwe Zötzsche** oder **Rene Müller.**

Ausgetragen wurde im **Zentralstadion** außerdem eine Reihe inter-nationaler Leichtathletikwettkämpfe. Die Schulen der Stadt Leipzig kämpften im Stadionrund im leichtathletischen Dreikampf um die **„Urkunde des Vorsitzenden des Staatsrates der DDR".** Viele

Sportklubs und Betriebe luden ihre Mitglieder und Betriebsangehörigen zu Sportfesten hierher oder auf Sportplätze am Schönauer Park oder ins Volkssportzentrum Mariannenpark ein. Diese Veranstaltungen wurden in der Regel gut besucht. Aktive Beteiligung wurde groß geschrieben, egal ob beim Volleyball, beim Sommer-Biathlon oder beim Kleinfeldfußball. Meist gab es dabei eine kulturelle Umrahmung sowie eine entsprechende gastronomische Versorgung.

Alltagsgeschichten – vom Neubeginn aus Trümmern bis 1989

Nachkriegsjahre in Leipzig – Durchkommen um jeden Preis

„Hamstern" und Schwarzhandel

Als Leipzig im Frühjahr 1945 zunächst von amerikanischen, dann von sowjetischen Truppen besetzt wurde, standen die Leipziger vor schier unlösbaren Problemen. Hunderte Gebäude und ganze Straßenzüge waren zerstört. Auf den Plätzen türmten sich wahre Trümmerberge auf. Bis Ende 1948 war erst ein Drittel davon weggeräumt!

Trümmerbeseitigung auf dem Königsplatz, Blick Richtung Petersstraße, 1948.

Viele mussten sich eine neue Existenz aufbauen, hatten ihre Wohnung, den Hausrat und Familienangehörige verloren. Angesichts der kritischen Versorgungssituation erließ der Leipziger Polizeipräsident bereits im September 1945 ein Zuzugsverbot in die Stadt. Dennoch mussten bis Dezember 1947 mehr als 83 000 Flüchtlinge und Vertriebene aufgenommen und als „Neubürger" integriert werden. Ende des Jahres 1945 waren noch viele Leipziger vermisst oder in Kriegsgefangenschaft. Über 80 000 Leipziger, die während des Krieges evakuiert oder bei Verwandten im Umland untergekommen waren, warteten auf eine Rückkehrmöglichkeit in ihre Heimatstadt.

Kriegszerstörungen, Ressourcenknappheit und extrem kalte Nachkriegswinter verschärften ebenso wie die Zunahme der Bevölkerung nach dem Kriegsende die Ernährungslage. Als die Leipziger 1945 das erste Weihnachtsfest im Frieden erlebten, waren Lebens- und Heizmittel knapp; Gerichte aus Eicheln standen u.a. auf dem Speiseplan und auf den traditionellen Gänsebraten musste man noch lange warten.

Trotz enormer Anstrengungen der sowjetischen Besatzungsmacht und der entsprechenden Behörden wurde die Zuteilung von Medikamenten, Lebensmitteln, Brennmaterial bis hin zu Hausrat immer schwieriger. Der Bevölkerung, besonders in den größeren Städten, blieb nichts anderes übrig, als zu **„hamstern"** und **„schwarz zu handeln"**. Die Parole der Stunde lautete:

Improvisieren und Organisieren, die neue Lebensmoral lautete Durchkommen um jeden Preis ...

Seuchengefahr und Zwangsimpfungen

Die Auswirkungen des Krieges waren in erster Linie am allgemeinen Gesundheitszustand der Bevölkerung ablesbar und führten zu steigenden Zahlen bei den Sterbefällen. Die Säuglingssterblichkeit hatte sich in Leipzig seit Anfang der dreißiger Jahre bis 1945 verdreifacht und lag inzwischen bei 10 Prozent. Ein Teil der Bevölkerung war durch die mangelnde Ernährung sowie die schlechten hygienischen Verhältnisse so geschwächt, dass er keiner Arbeit mehr nachgehen konnte (5 Prozent der Männer und 3 Prozent der Frauen in Leipzig am Jahresende 1945). Aufgrund der hohen Bevölkerungskonzentration bestand immer wieder die Gefahr des Ausbruchs von Seuchen. Jede Woche traten neue Fälle von Tbc, Ruhr und Diphtherie auf. Geschlechtskrankheiten breiteten sich gehäuft aus. Als immer mehr Typhuserkrankungen in der Stadt registriert wurden, mussten 1946 sogar **Zwangsimpfungen** für die gesamte Leipziger Bevölkerung angeordnet werden. Ein Teil der ohnehin schon dezimierten Krankenhausbetten musste deshalb ständig für Infektionskranke vorgehalten werden. Zu den Schwierigkeiten in der **Wasserversorgung** allgemein kam in Leipzig die schlechte Wasserqualität mit einem viel zu hohen Bleigehalt. Eine geregelte medizinische Betreuung der Bevölkerung musste erst wieder aufgebaut, der Krankentransport und die ärztliche Versorgung neu organisiert werden. Überall bestand ein akuter Mangel an Medikamenten und Verbandsmaterial. Das Gesundheitsamt bemühte sich in den ersten Nachkriegsmonaten vor allem um die Absicherung der medizinischen Versorgung durch den Aufbau von **Polikliniken,** wie 1948 im Krankenhaus St. Georg, die bauliche Wiederherstellung der Krankenhäuser sowie den Einsatz von **„Sprengelärzten",** die für die Bevölkerung bestimmter Wohnbezirke zuständig sein sollten.

Alles rationiert – schlechte Karten für die Frauen

Bis Oktober 1945 galt das von den Nationalsozialisten eingeführte Rationierungssystem. Ab 1. November 1945 wurde in der Sowjetischen Besatzungszone (SBZ) die Lebensmittelversorgung neu geregelt. Damit wurden in Leipzig die hierarchisch abgestuften Versorgungsgruppen für Normalverbraucher (die ohne eigene Versorgungsmöglichkeiten waren) eingeführt. Am besten versorgt wurden Schwerst- und Schwerarbeiter, gefolgt von den Gruppen der Arbeiter und Angestellten, das Schlusslicht bildeten die Kinder sowie die „sonstige Bevölkerung".

Zur letzten Gruppe gehörten auch die Hausfrauen. Diese hatten über Jahre ihre ganze Kraft auf das Überleben der Familie konzentriert und wurden nun mit den ehemaligen NSDAP-Mitgliedern in „einen Topf" geworfen. Erst 1947 wurde diese Gruppe aufgehoben und die Leipziger Volkszeitung verkündete **„die überraschende und bedeutende Erhöhung der Lebensmittelrationen ...".**

Die **Lebensmittelkarte** mit den aufgedruckten Marken oder Abschnitten war für jeden „Verbraucher" das wichtigste Dokument, mit dem er beim Einzelhändler seine ihm zustehende Menge beziehen konnte. Manche Lebensmittel wie Brot waren nach **Tagesrationen,** andere nach **Zuteilungsdekaden** bemessen. Voraussetzung für die Ausgabe einer Lebensmittelkarte waren die Meldekarte, die Arbeitsbescheinigung des Arbeitsamtes sowie der Zuweisungsschein des Wohnungs- und Siedlungsamtes für die eigene Unterkunft. Die Lebensmittelabgaben sollten vorzugsweise an die arbeitende Bevölkerung erfolgen. In Leipzig war aber mehr als die Hälfte der Bevölkerung nicht arbeitend.

Hungerrationen: 250 Gramm Brot und 7 Gramm Fett pro Tag

Viele Leipziger resümieren die Nachkriegszeit folgendermaßen: „Es ging uns ja nicht schlecht – gut, wir haben ein bisschen gehungert."

Ab November 1945 standen den „sonstigen Versorgten" täglich 250 g Brot, 20 g Fleisch, 7 g Fett, 15 g Nährmittel und 15 g Zucker zu. Versorgungsberechtigte der Schwer- und Schwerstarbeiter erhielten nahezu jeweils die doppelte Menge! Darüber hinaus hatten alle Leipziger Anspruch auf täglich **30 g Marmelade, 17,8 g Quark und 400 g Kartoffeln.**

Diese Rationen waren gemessen am normalen Lebensstandard sehr klein und reichten nur zur Beseitigung des größten Hungers. In der Bevölkerung und selbst in den Behörden sprach man offen von **„Hungerrationen"**, die bei täglich rund 800 Kalorien lagen. Lebensmittel konnten generell erst bezogen werden, wenn entsprechende Waren in den Geschäften vorhanden waren und die Stadtverwaltung einzelne Kartenabschnitte zum Bezug aufgerufen hatte. Konnten die Brotrationen meist ausgegeben werden, kam es bei Fett und Zucker teilweise zu Engpässen. Zu keiner Zeit war es aber möglich, die vollen Rationen an Fleischwaren zu beziehen. Oft musste man für Fleischmarken Austauschprodukte wie Käse, Quark, Eier und Fisch in Kauf nehmen.

Brotsuppe, Haferflocken und Pferdefleisch

Angesichts der Versorgungsnot erhebt sich die Frage, was kam überhaupt auf den Tisch? Die durch den Kohlemangel oft nur schwach ausgebackenen Brote verarbeitete man zu **Brotsuppe**, in die häufig andere Nahrungs- oder Nährmittel wie geriebene Kartoffeln beigegeben wurden. Viele erinnern sich noch an die **„Schlappersuppe"** oder **„Zudelsuppe" – rohe Kartoffelmasse wurde in kochendes Wasser geworfen, dazu kam, wenn vorhanden, ein bisschen Selleriekraut und Salz zum Abschmecken.**

Als Nährmittel standen hauptsächlich **Hafergrütze, Hafernährmehl, Haferflocken** sowie **Gerstengraupen** und **Gerstengrütze** in den Geschäften zum Verkauf. Reichten die Frischkartoffeln nicht aus, boten die Händler ersatzweise **Kartoffelwalzmehl, Kartoffelgrieß** und **Kartoffelflocken** an, die als Beilagen zu Gemüse, als Brei oder als Suppenzugabe verwendet werden sollten. Allseits kritisiert wurde die schlechte Qualität von Wurst und Fleisch, wenn, dies überhaupt im

Angebot war. Rindfleisch gab es überhaupt nicht, wenn dann wurde Schweinefleisch oder Pferdefleisch abgegeben. Jede Hausfrau war froh, wenn sie **Freibankfleisch** erstehen konnte, das preiswert und ohne Marken erhältlich war.

Brennnesselsalat und Rübenschnitzel

Monatlich standen jedem Karteninhaber 2 kg Gemüse zu. Neben Möhren, Zwiebeln, Kohlrabi, Wirsing und Salat wurden Zuckerrüben und Rübenblätter (als Ersatz für Spinat) oder Salzgemüse (eingesalzene Rote Beete oder Kürbis) angeboten. Die Leipziger sammelten außerdem Melde und Brennnesseln, um daraus Salat, Gemüse, Suppe oder Spinatersatz herzustellen. Mit den mageren Rationen an Butter, Margarine, Öl, Schlachtfett oder Fettkäse war es kaum möglich, den Fettbedarf zu decken. Dieser ließ sich ebensowenig mit Ölen aus Lein, Raps, Rübsamen oder Mohn ausgleichen.

Gemüseverkauf an der Leipziger Großmarkthalle, Zwickauer Straße, 1946.

Der Lebensmittelmangel führte dazu, dass in der Bevölkerung teilweise lebens- oder gesundheitsgefährdende Ersatzstoffe zu Nahrungsmitteln verarbeitet wurden. So warnte die Leipziger Stadtverwaltung wiederholt in der Zeitung vor der Verwendung von **Rizinusöl** oder **Methylalkohol**, der sogar Todesopfer forderte oder zur Erblindung führte.

Neue Nahrungsmittel wurden entdeckt: **Rübenschnitzelbrot** ist der Nachkriegsgeneration noch gut in Erinnerung, ebenso wie **Rüben- oder Tomatenmarmelade** oder der an Leberwurst erinnernde Geschmack eines Brotaufstriches mit **Nährhefe**.

Not macht erfinderisch – Selbsthilfe und Schwarzer Markt

Viele Familien waren anfangs gezwungen, neben der eigentlichen

Arbeit ein kleines Stück Land zu bearbeiten oder auf dem Schwarzen Markt zu handeln. Zu den Glücklichen zählte, wer von der Stadt ein Stück **„Grabeland"** zugewiesen bekam. Die Zahl der Kleingarten- und Grabelandbesitzer stieg sprunghaft an und auf vielen Balkons wurde sogar **Tabak** angebaut.

Den Geldvorräten der Bevölkerung stand nur ein minimales Warenangebot gegenüber. Eine Möglichkeit zur „legalen" Beschaffung lebensnotwendiger Waren hatten die Leipziger in der von der Stadtverwaltung bereits seit 1944 unterstützten **„Tauschzentrale"** in der Grimmaischen Straße, die später von der Volkssolidarität übernommen wurde.

In Leipzig wurde vor allem in Bahnhofsnähe, an der Richard-Wagner-Straße oder an der Gerberstraße „schwarz" mit Nahrungsmitteln, Bekleidung und Gebrauchsgegenständen gehandelt. Aber auch in Wohnungen, Gaststätten und Hotels wurden nicht immer legale Geschäfte abgewickelt. Als oberstes Gebot galt: **fraglos zuzugreifen, wenn sich die Gelegenheit bot, ein paar Schuhe, ein Brot oder eine Wurst extra zu erwerben.** Dabei waren Schwarzmarktpreise kaum zu bezahlen, weshalb **Tauschgeschäfte** überwogen. Als Ersatzwährung standen bis 1948 Zigaretten hoch im Kurs und konnten gegen fast alles getauscht werden. 1947 kostete ein Kilo Fleisch offiziell 2,20 RM, auf dem schwarzen Markt 60-80 Mark. Für 1 kg Butter zahlte man auf dem schwarzen Markt 350 bis 550 RM, der Abgabepreis im Handel lag bei 4,00 RM! Zu den Kostbarkeiten auf dem Schwarzmarkt gehörten festes Schuhwerk und Medikamente. Wer von der Polizei als **„Schieber"** erwischt wurde, wanderte nicht selten für sechs Wochen in ein **Arbeitslager nach Meusdorf** oder musste mit hohen Geld- und Gefängnisstrafen, in schweren Fällen sogar mit der Todesstrafe rechnen.

„Hamstern" und **„Organisieren"** brachten große Teile der Bevölkerung in Bewegung: zu Fuß, mit dem Fahrrad, in überfüllten Güter- und Personenzügen oder mit den wenigen fahrbereiten Lkws. Die letzten Ersparnisse wurden verbraucht, noch vorhandene Textilien, Geschirr, Bestecke, Bettwäsche und Teppiche auf die umliegenden Dörfer gebracht und gegen Lebensmittel getauscht. In Erinnerung geblieben ist aus dieser Zeit die Redewendung vom **„Teppich im Kuhstall"**. Wer von der Polizei beim Hamstern erwischt wurde, musste ebenfalls mit empfindlichen Strafen rechnen, die von der Wegnahme der Waren bis zum Gefängnis reichten. Doch die Not trieb tausende weiterhin auf die Dörfer, um wenigstens für die Kinder das Nötigste an Nahrung zu beschaffen. **Stoppeln und Ährenlesen** auf abgeernteten Felder waren dagegen teilweise erlaubt. Dabei liefen die Frauen und Kinder oft stundenlang, unterernährt und übermüdet, um einige Pfund Korn zu sammeln, die wenigstens für mehrere Tage reichten. Wenn möglich, wurde Obst von den Straßenrändern gesammelt und verwertet, wenn die Verwaltungsstellen dies gestatteten.

Strom abschalten war anfangs gang und gäbe

Besonders problematisch war in der Nachkriegszeit die Brennstoffversorgung, denn Heizmittel standen vorrangig der Industrie und den Krankenhäusern zur Verfügung. Man half sich mit **Reisigsammeln und Kohlendreck** schaufeln, gelegentlich auch mit **„Kohlenklau".** Dies war oft Tagesaufgabe der Kinder und Jugendlichen. Viele Männer und Väter befanden sich noch in Kriegsgefangenschaft und kamen erst im Lauf der nächsten Monate und Jahre zurück. Gerade nach dem Kriegsende fiel häufig der Strom aus oder musste aus Spargründen stadtviertelweise abgeschaltet werden. Selbst der Straßenbahnverkehr wurde zeitweise eingeschränkt, um Strom und Material zu sparen.

*Brennholzbeschaffung
im Rosental, um 1946.*

Jugendliche bei der Enttrümmerung am Neuen Rathaus, 1946. Lohn und Ansporn für diese Arbeitseinsätze war oftmals eine warme Mahlzeit.

Während der Frostperioden in den extremen Nachkriegswintern fiel manchmal der Unterricht aus, wenn nicht in Gaststätten, Wohnungen der Eltern oder Lehrer, ja sogar in Kirchen beheizte Behelfsräume gefunden werden konnten. Zu Feiertagen war es auf der anderen Seite je nach Lage durchaus möglich, dass wie Ostern 1948 pro Haushalt 5 Kilowattstunden und zusätzlich je Person 1,2 Kilowattstunden als Extrakontingent zugeteilt wurden. Erst im Februar 1953 ging die Periode der Stromabschaltungen in Leipzig zu Ende.

Schulbeginn ohne Zuckertüte

Als am 1. Oktober 1945 der Schulunterricht in Sachsen wieder aufgenommen wurde, waren 80 Prozent der Leipziger Schulen schwer beschädigt oder völlig zerstört. Es mangelte sprichwörtlich an allem, von Schulbüchern über Lehrmittel bis hin zu geeigneten Lehrkräften. Teilweise war die Durchführung des Unterrichts nur in einer Art Schichtbetrieb mit gestaffelten Unterrichtsstunden möglich. Bei der Schuleinführung für die 1. Klassen war an die heute übliche **süße Füllung** der **Zuckertüten** bei weitem nicht zu denken.

Es war nicht viel drin in der Zuckertüte, doch die beiden freuten sich trotzdem auf den Schulanfang. (Foto Herkules Verlag)

Viele Kinder erhielten lediglich einige Äpfel. Der Wunsch der meisten Kinder lautete: **Einmal richtig satt essen!** Und so ist es nicht verwunderlich, wenn sich manches Kind zum Geburtstag über nichts mehr freute, als über einen aus Ersatzmitteln gebackenen **Kuchen mit Rübensirup** oder einige Scheiben Brot extra. Jedes neue Stück Bekleidung war willkommen und war es auch nur durch das Auftrennen alter Wollsachen und aus ehemaligen Militärmänteln entstanden. Zu den unangenehmsten Erinnerungen dieser Zeit dürften die **Igelitt-Schuhe** (eine Kunststoffart) gehören, in denen man im Sommer furchtbar schwitzte, im Winter aber erbärmlich kalte Füße bekam. Aber dies war immer noch besser als in Holzschuhen den Weg zur Schule antreten zu müssen!

Volkssolidarität gegen Wintersnot – Schulspeisung und Gemeinschaftsverpflegung

Bereits im Oktober 1945 gelang es, etwa 60000 Leipziger Kinder fünfmal wöchentlich mit einem Liter warmem Mittagessen auf Lebensmittelmarken gegen 30 Pfennig Entgelt zu versorgen. Im Hungerwinter 1945/46 musste diese Verpflegung jedoch Anfang 1946 eingestellt werden und konnte erst im September 1946 durch die tägliche Ausgabe eines **(dunklen) Brötchens** und einer **Tasse heißen Malzkaffees** („Muckefuck") gegen 20 Pfennig Entgelt wieder aufgenommen werden. Ausländische Lebensmittelspenden wurden vorwiegend an Kinder verteilt. Ab 15. April 1950 gab es täglich eine warme Mahlzeit für 55 Pfennig und Trinkvollmilch für alle Kinder. Schüler aus kinderreichen Familien waren von den Kosten befreit.

Spenden internationaler Hilfsorganisationen wie des Roten Kreuzes gingen auch in Leipzig ein und wurden meist über die „Volkssolidarität" an Hilfsbedürftige verteilt, wie hier im Juni 1948 im „Eiskeller", Koburger Straße 7.

Gemeinsam mit der Volkssolidarität und dem kommunalen Frauenausschuss initiierte die Stadtverwaltung zum Jahresbeginn 1947 die Einrichtung von „Volksküchen". Gegen Abgabe der entsprechenden Lebensmittelmarken für Fett, Kartoffeln, Fleisch und Nährmittel erhielt man täglich eine warme Mahlzeit. Bestanden besondere Versorgungsengpässe, mussten Lebensmittel in natura abgeliefert werden. Betriebsausschüsse organisierten oft in direktem Kontakt Lebensmittel für die Belegschaft bzw. boten der Landbevölkerung im Austausch Reparaturleistungen an. Der berühmte „Auerbachs Keller" übernahm nach Kriegsende zunächst die Funktion einer Suppenküche. In seinen Kellern lagerten noch größere Mengen Kartoffeln, Reis und Haferflocken, die zu Suppen verarbeitet und an Not leidende Einwohner und Studenten verteilt wurden.

Trümmer und Notquartiere in der Nachkriegszeit

Durch die Zerstörungen der Luftangriffe hatte sich der bereits vor Ausbruch des Krieges bestehende **Wohnungsmangel** in Leipzig weiter verschärft. Die meisten Wohnungssuchenden, darunter die Flüchtlinge und Vertriebenen, konnten nur als Untermieter in ein möbliertes oder leeres Zimmer in einer bereits vermieteten Wohnung mit **gemeinsamer Küchennutzung** und **Toilette im Hausflur** eingewiesen werden. Diese Notgemeinschaften von Ausgebombten, Evakuierten und Zwangseingewiesenen drängten sich oft in wenigen Zimmern, was zu erheblichen sozialen Spannungen führte. Daneben wurden Wohnräume und Möbel von als politisch belastet eingestuften Personen beschlagnahmt und vordringlich an die Rückkehrer aus den Konzentrationslagern, Persönlichkeiten des öffentlichen Lebens sowie an Flüchtlinge und Vertriebene vergeben. Überall fehlten Möbel, Bettstellen, Koch- und Heizmöglichkeiten. Der Mangel konnte bei weitem nicht durch die Sammeltätigkeit verschiedener Hilfsorganisationen gedeckt werden.

Behelfsquartiere, befanden sich in **Gartenlauben**, als **Massenunterkünfte** in Gaststätten und Schulen oder in **Barackenanlagen** der ehemaligen Zwangsarbeiter.

Zunächst galt es, die Hausgrundstücke von den Schuttmassen zu befreien. Dabei wurden Ziegel und andere verwertbare Materialien geborgen, mit denen die ersten Ausbesserungen an Wohnungen und Gebäuden erfolgen konnten. Balken, Wellblech, Dachpappe und Bretter, von Fensterglas ganz zu schweigen, waren knapp und schwer zu beschaffen. Die **Trümmergrundstücke** boten ausreichend Spielgelegenheit für abenteuerlustige Kinder und Jugendliche, bargen aber auch reichlich Gefahren, denn überall lagen Munitionsreste und Bombensplitter, die trotz Verbots gesammelt wurden.

Der Wiederaufbau zog sich in Leipzig angesichts des Materialmangels über viele Jahre hin.

Die Straßenbahn fährt wieder!

Durch die Luftangriffe im Zweiten Weltkrieg waren die Anlagen der Leipziger Straßenbahn stark beschädigt worden. Der Betriebshof Wittenberger Straße und die Verwaltung sowie einige Unterwerke waren total zerstört. Ein Teil des Wagenparks war vernichtet und Gleisanlagen sowie mehrere Werkstätten in erheblichem Maße beschädigt.

Die amerikanische Besatzungsmacht genehmigte ab 27. April 1945 die Wiederaufnahme des Straßenbahnbetriebes. In den folgenden Monaten war die Straßenbahn als „Markthallenzug" unterwegs und transportierte Gemüse und andere Lebensmittel. Als wichtigstes Transportmittel beförderte sie tausende Flüchtlinge und Vertriebene, die auf dem Bahnhof ankamen, zu den Aufnahmestellen. Selbst Umzüge wurden mit der Straßenbahn bewältigt.

Die Straßenbahn war nach dem Kriegsende eines der wichtigsten Transportmittel in der Stadt. Sie wurde nicht nur für die Verteilung von Lebensmitteln, die Belieferung der Betriebe oder die Abholung der Fertigprodukte genutzt, sondern auch für den Transport von Möbeln und Haushaltsgegenständen, 1947.

Ab August 1949 wurden schon wieder Stadtrundfahrten mit dem „Gläsernen Leipziger" durchgeführt.

Ablenkung von den Alltagssorgen – Kunst und Kultur

Ob in Zeitungen oder Hörfunk, Schulen und Universitäten, Theatern und Lichtspieltheatern oder Kunstausstellungen – überall sollte der „alte Geist" des Nationalsozialismus ausgerottet werden.

Zeitungsverkauf in Ruinen. Den Informationsbedarf der Bevölkerung deckten bald wieder verschiedene Zeitungen ab, deren Erscheinen allerdings durch die Militärverwaltung genehmigt werden musste.

Aufgrund der Papierknappheit blieb die Versorgung mit neuen Büchern jedoch lange Zeit weit hinter der Nachfrage zurück. Dafür boten Rundfunk und Kino bald viele Möglichkeiten der Information und Unterhaltung.

Die Leipziger Theater mussten nach ihrer Zerstörung bis weit in die Nachkriegszeit in Behelfsgebäuden spielen. Verluste an Requisiten, Kostümen und Kulissen forderten zur Improvisation heraus. Das **Gewandhausorchester** spielte bis zur Instandsetzung der **Kongresshalle** am Zoo im Saal des Kinos „**Capitol**".

Die erste Leipziger Nachkriegspremiere fand am 29. Juli 1945 mit der Beethoven-Oper „Fidelio" im ehemaligen **Varieté „Drei Linden"** (später „Musikalische Komödie") statt. Am 27. September 1945 begann das Schauspiel seine Aufführungen im **Weißen Saal des Zoos** mit Büchners „Woyzeck" und am 15. Dezember 1945 folgte die Volksoperette „Frau ohne Kuss" von Walter Kollo am **Lindenauer Markt.**

Die Angebote in den ersten Nachkriegsmonaten wurden keineswegs voll ausgelastet. Gründe dafür waren die angespannte Versorgungslage, Stromsperren und auch Geldmangel.

Erich Kästners „Emil und die Detektive" stand am 7. November 1946 als erste Inszenierung auf dem Spielplan des neu eingerichteten **„Theaters der Jungen Welt".** Ein großer Erfolg wurde die Aufführung von „Robinsons Abenteuer" 1948. In den folgenden Jahren erlebten tausende Leipziger Kinder Gegenwartsstücke und Märchen, die meist von jungen Schauspielern gespielt wurden.

Auch Künstler hatten knurrende Mägen

Dass die Künstler bei ihren Auftritten oft selbst mit einem knurrenden Magen zu kämpfen hatten, soll das folgende Beispiel zeigen: Vom

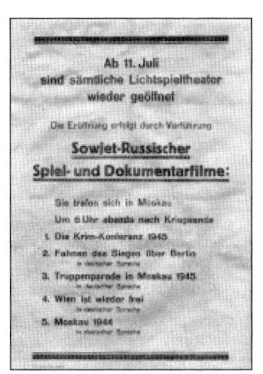

21. Juli bis 5. August 1946 gab **Heinz Rühmann** an 14 Abenden und an einem Sonntagnachmittag ein Gastspiel in Leipzig. Gemeinsam mit seiner Frau spielte er das Stück „Der Mustergatte", das von den Leipzigern begeistert aufgenommen wurde. Wer von den Zuschauern ahnte damals, dass die Truppe um Rühmann zwar

Mit der Aufführung sowjetischer Spiel- und Dokumentarfilme nahmen am 11. Juli 1945 die Leipziger Kinos den Spielbetrieb wieder auf.

ein ansehnliches Tageshonorar von 2800 RM pro Abend bei freier Kost und Logis erhielt, dazu 200 Liter Benzin und 10 Liter Öl, sich aber bei der Stadtverwaltung über die ungenügende Verpflegung zum Frühstück beklagte. Gefordert wurden zusätzlich pro Person je drei Scheiben Brot sowie die entsprechende Marmelade!

Filmreklame an einem Ruinengrundstück, 1947.

Im Juli 1945 öffneten die wenigen erhalten gebliebenen **Leipziger Kinos** wieder. Selbst wenn zunächst sowjetische Dokumentar- und Kurzfilme, in Russisch mit deutschen Untertiteln, den Spielplan dominierten, standen die Menschen nach Eintrittskarten an. Dies blieb in den folgenden Monaten genauso, als vorwiegend Musik- und Unterhaltungsfilme gezeigt wurden. Als ab 15 Oktober 1946 die erste deutsche Nachkriegsproduktion, der von der DEFA in Zusammenarbeit mit der sowjetischen Militärverwaltung produzierte Spielfilm **„Die Mörder sind unter uns"** mit **Hildegard Knef** in der Hauptrolle, im Leipziger **„Capitol"** in der Petersstraße gezeigt wurde, bildeten sich erneut lange Schlangen am Kartenverkauf. Der DEFA-Film **„Affaire Blum"**, der im „Capitol" Anfang 1949 lief, hatte in den ersten drei Tagen 14000 Besucher. Die Wochenschau der DEFA, **„Der Augenzeuge"**, lief in den Kinos vorm Hauptfilm und bestand aus Nachrichten, Kurzfilmen und Dokumentationen mit teilweise unterhaltendem und zum Teil politisch erzieherischem Charakter.

Solei und „Alkolat"

Viele der traditionellen **Leipziger Gaststätten** waren durch die Kriegsereignisse zerstört. Teilweise mussten in den Räumen Zwangsarbeiter, später Flüchtlinge und Vertriebene Notquartiere beziehen. Bereits am 16. Juli 1945 ordnete der sowjetische Militärkommandant der Stadt Leipzig die Öffnung aller Gewerbe- und Handelsunternehmen wie Fabriken, Werkstätten, Magazine, Restaurants, Cafés an. Die ersten Gaststätten wurden teilweise behelfsmäßig hergerichtet und empfingen Bewohner aus der unmittelbaren Nachbarschaft. Das Angebot war dürftig: **Dünnbier** und ein alkoholisches Getränk namens **„Alkolat"** wurden ausgeschenkt. Dazu gab es **Bratheringe** oder **Soleier**. Trotzdem waren alle Gaststätten gut besucht. In dieser Zeit gehörte eine Schere, meist an einer schwarzen Schnur oder an einer kleinen Kette befestigt, als Arbeitsinstrument zum Kellner, um Fleisch-, Wurst- oder andere Abschnitte von den Lebensmittelkarten abzutrennen.

Tanzkapellen – von Kurt Henkels bis Fips Fleischer

Ein starker Bedarf bestand an Kabaretts, Varietés sowie „leichter" Unterhaltung. Gut besucht waren **Tanzsäle** wie im **„Haus Antifa"** in der Elsterstraße, der **„Felsenkeller"** an der Karl-Heine-Straße, das **„Elstertal"** in der Rödelstraße, das **„Deutsche Haus"** am Lindenauer Markt, die **„Grüne Schänke"** an der Breiten Straße oder die **„Grüne Eiche"** in Böhlitz-Ehrenberg. Die Gäste wollten sich unterhalten, tanzen, einmal lachen und fröhlich sein und die Sorgen des Alltags vergessen. Wieder andere suchten einen Partner für sich oder ihre Geschäfte.

Tanzabend mit dem Orchester Kurt Henkels in der Kongresshalle am Leipziger Zoo, 1946.

In dieser Zeit spielten in Leipzig beim Publikum äußerst beliebte **Tanzkapellen**, darunter **Kurt Henkels**, der seit 1947 auch das Leipziger Rundfunktanzorchester leitete, **Alex Heyde**, **Willy Noack**, **Werner Pfüller, Bruno Gehrmann, Erich Donnerhak** und **Kurt Riemer**. Unbedingt genannt werden muss in dieser Aufzählung **Fips Fleischer**, der mit seinem 1957 gegründeten Tanz- und Schauorchester noch in den folgenden Jahrzehnten zum Tanz aufspielte.

Nicht nur Aufbruchstimmung – Leipzig in den 50er Jahren

Bockwurst und Vita-Cola

Trotz Trümmerstraßen und erhöhter Arbeitsnormen, **Stalinkult** (nicht nur „Kult", kritische DDR-Bürger waren auch massiver Verfolgung ausgesetzt) und dem Führungsanspruch der SED sowie weiter bestehenden persönlicher Entbehrungen sahen nicht wenige eine große Chance, sich den Traum einer **soliden Ausbildung** oder eines **Studiums** sowie einer **eigenen Wohnung** zu erfüllen.

Nach wie vor mussten beim Kauf einer **Bockwurst** Fleischmarken für 100 g abgeliefert werden. Trotzdem verkörperte ihr Verzehr für die damalige Generation einen gewissen Luxus und markierte damit das allmähliche Ende der schweren Nachkriegszeit. Auf der anderen Seite brachten die Abgrenzungsversuche der DDR zum Westen Deutschlands eigene Produkte hervor, die sich nicht nur durch die Namensgebung, sondern vor allem in der Zusammensetzung deutlich unterschieden. Dazu gehörten auch alkoholfreie Getränke wie die **Vita-Cola**, die 1957 auf den Markt kam.

Geringe Einkommen – hohe Preise

Seit die Nachkriegszeit überwunden war, musste niemand mehr hungern. Ende der 40er/Anfang der 50er Jahre stabilisierten sich die Versorgungsverhältnisse in der DDR allmählich, das Angebot wurde bunter und vielfältiger. Die **Leipziger Volkszeitung** informierte

Um den Kundenansturm bei Engpässen bewältigen zu können, griff der Einzelhändler Curt Lohmann (Delitzscher Straße) zu Tafel und Kreide.

mehrfach über die Senkung der HO-Preise. Eine Bockwurst mit Salat kostete so zum Beispiel 1948 in der Gaststätte noch 8,60 Mark, im September 1950 nur noch 2,25 Mark. Noch gravierender waren die Preissenkungen bei Lederschuhen, z.B. für Damen von 270,00 Mark bis auf 97,00 Mark im September 1950. Allerdings waren diese Preise bei einem durchschnittlichen Monatseinkommen zwischen 200 und 300 Mark für Beschäftigte in privaten oder nicht besonders staatlich geförderten Betrieben für viele immer noch unerschwinglich.

Deutlich mehr verdienten Lehrer mit ca. 470 Mark Gehalt. Bis 1960 stiegen die Einkommen in den „normalen" Arbeiter- und Angestelltenhaushalten bis auf rund 750 Mark; in Einpersonen-haushalten lag des Einkommen bei etwa 400 Mark.

Engpässen wurde mit heute kurios wirkenden Maßnahmen begegnet: 1953 verkaufte man während der Leipziger Messe **warme Blutwürstchen mit Brötchen** für **1,25 Mark** und halbe **gebratene Bockwürste mit Brötchen** für **0,81 Mark!** Nach Abschaffung der Lebensmittelkarten kostete die **Bockwurst** einheitlich **0,80 Mark**, mit Brötchen **0,85 Mark**. **Dieser Preis blieb bis zur Währungsunion 1990 unverändert bestehen!**

Die Lebensmittelmarken fallen weg

Bis 1951 war der Bezug von Unterwäsche, Oberbekleidung und Schuhen rationiert. Auch darüber hinaus behielten Punktkarten für einzelne Artikel weiterhin Gültigkeit. Nachdem in der DDR 1951 die Brotkarten weggefallen waren, gab es noch bis zum Mai 1958 Lebensmittelkarten für Fleisch und Fleischerzeugnisse, tierische Fette und Zucker.

Der staatliche Handel (HO) verkaufte ab 1. Oktober 1956 Waren im Teilzahlungsverfahren. So konnten auch bei einem geringeren Einkommen und ohne Spareinlagen Möbel, Nähmaschinen, Herde, Staubsauger, Florteppiche, Musiktruhen, Rundfunkempfänger und Dekostoffe erworben werden. Die Höhe der Abzahlungsraten richtete sich nach dem Nettoeinkommen des Käufers.

Überfluss und Mangel

Bei Versorgungsschwierigkeiten Anfang der 50er Jahre fielen Erzeugnisse wie Zucker, Schlachtfette, Butter, Margarine, Öl und Kakaopulver ersatzlos aus. Dem setzte der Handel Ende der 50er/Anfang der 60er Jahre eine neue Strategie entgegen. Wie überall in der Republik, sollten nun die Leipziger Produkte konsumieren, die zum jeweiligen Zeitpunkt gerade im Überfluss vorhanden waren. Als 1959 die Versorgung mit

Schweinefleisch nicht mehr gewährleistet war, sollten die Kunden mit dem Aufruf **„Auf jeden Tisch täglich Fisch"** auf ein anderes Sortiment gelenkt werden. Das zeitweise sehr breite Angebot an Frischfisch reduzierte sich in den Fischverkaufsstellen gelegentlich auf Karpfen, Heringe und Makrelen sowie Fischbüchsen. 1961 hingen aus ähnlichen Beweggründen in allen Verkaufsstellen Plakate mit der Aufforderung **„Nimm ein Ei mehr"**, um die „Eierschwemme" aus den inzwischen aufgebauten „industriellen Mastkombinaten" (KIM) abzubauen.

Bestellen per Katalog – Einkauf wie im Westen

Zwischen 1956 und 1975 verschickte der Versandhandel der DDR zweimal im Jahr seine Kataloge im Land.

Titelseite des Versandhauskatalogs 1957.

Nach einer Testphase erfolgte anlässlich des 1. Mai 1956 die republikweite Einführung der neuen Verkaufsform. Das **„Versandhaus Leipzig"**, später **„centrum-Versandhaus"**, warb zunächst im ländlichen Raum per Präsentation vor den Bäuerinnen, stellte sich auf der „AGRA", der seit 1950 jährlich einmal stattfindenden Landwirtschaftsausstellung der DDR in Markkleeberg bei Leipzig, vor und annoncierte in den Tageszeitungen. Registrierte das Versandhaus Mitte 1956 bereits über 10 000 Kunden, verzeichnete es 1959 über 1,5 Millionen Bestellungen. Das Leipziger Versandhaus sollte die „verfeinerten" Ansprüche der städtischen Bevölkerung u.a. mit Pelzen und Lederwaren befriedigen und überließ nach anfänglicher Konkurrenz dem 1959 ins Leben gerufenen Konsum-Versandhaus (später konsument-Versandhaus) in Chemnitz ganz die ländlichen Regionen in der DDR. Allerdings waren meist kurze Zeit nach der Auslieferung der Kataloge nicht mehr alle Artikel lieferbar! Dies betraf vor allem die Kunden aus den Städten, da diese zuletzt beliefert wurden. So mussten die Leipziger hinnehmen, dass trotz des Heimvorteils – **Leipzig besaß einen Verkaufspavillon auf dem Sachsenplatz** – ihre Bestellwünsche nicht immer realisiert wurden. Darüber tröstete sie nicht hinweg, dass die Modelle in den Katalogen eleganter wurden und sich die Angebote für Bücher, Schmuck, Schallplatten und Freizeitartikel, insbesondere für das in der DDR beliebte Camping, vergrößerten. 1973 konnte das Leipziger Versandhaus lediglich 56 Prozent der Bestellungen beliefern.

Am 13. August 1976 stellte der **Leipziger centrum-Versand** seine Tätigkeit gänzlich ein.

Aus Cuba-Orangen wird Likör

Traditionell gehörten zum Leipziger Stadtbild **Wochenmärkte**, die die Einwohner mit Lebensmitteln und Gegenständen des täglichen Gebrauchs versorgten. Allerdings waren diese bereits kriegsbedingt eingeschränkt und 1945 bis auf den illegalen „Schwarzen Markt" wie vor der Ruine der Westhalle des Hauptbahnhofs ganz aus dem Stadtbild verschwunden. Mangels Verkaufsflächen fanden allerdings Verkäufe von Gemüse oder **„Freier Spitzen"** (Lebensmittel, die von den Bauern der umliegenden Orte zusätzlich für den Verkauf bereitgestellt wurden) unter freiem Himmel statt, so zum Beispiel an der zerstörten **Markthalle auf dem Roßplatz**.

Auf einer enttrümmerten **Freifläche in der Petersstraße** entstand bald ein ständiger **Gemüsemarkt**, auf dem Gemüse der Saison, wie Weiß- und Rotkraut, Welschkraut, Möhren und Bohnen, Gurken und Dill und heimische Obstsorten, wie die Apfelsorte **„Gelber Köstlicher"** oder Süßkirschen zum Angebot gehörten. Südfrüchte waren eher selten in den Auslagen und die **Pampelmusen (Grapefruits) reichten in der Regel nur für Diabetiker**, die entsprechende Ausweise vorlegen mussten. Dagegen standen die nicht sehr beliebten **Cuba-Orangen** fast ständig zur Verfügung, deren Saft in den siebziger Jahren in vielen Familien bei der **Eigenproduktion von Likör** Verwendung fand. Besonders gut besucht war der spätere **Geflügelmarkt** in der Petersstraße in der Vorweihnachtszeit, denn dann kauften die Leipziger an den Holzbuden ihren Weihnachtsbraten.

Später wurden weitere Spezialmärkte wie der **Fisch- und Topfmarkt** (ebenfalls am Standort Petersstraße) ins Leben gerufen.

Treffpunkt Kleinmesse

Willkommene Abwechslung vom Alltag bot vor allem für Kinder und Jugendliche die **Leipziger Kleinmesse**. Zunächst bestimmten nur wenige Fahrgeschäfte, unter ihnen die legendäre **„Seiferts**

Geisterbahn", das Bild der Kleinmesse, die seit den 50er Jahren wieder auf dem Gelände am Cottaweg stattfindet. Spärlich war nach dem Kriegsende auch das Speisen- und Getränkeangebot mit **Schlagcreme aus Rübenmasse** und nach **Essenz schmeckender Limonade**, ganz zu schweigen vom **Schnapsersatz Alkolat**.

Willkommene Abwechslung boten die verschiedenen Karussells und Buden auf der Leipziger Kleinmesse am Cottaweg, 1952.

Mit Verbesserung der allgemeinen Versorgung wurden wieder gebrannte Mandeln, Türkischer Honig, Hähnchen und Schinken am Spieß angeboten. Verkaufsstände der privaten und staatlichen Handelseinrichtungen hielten besonders preiswerte Restposten für Glas und Porzellan, Stoffe und Kleintextilien sowie preislich herabgesetzte Schuhe bereit, die von den Hausfrauen und Müttern gern angenommen wurden.

Kinder holen den Weihnachtsmann vom Bahnhof ab

Der **Weihnachtsmarkt** entstand schon 1945 wieder im unzerstörten Untergrundmessehaus am Markt. Allerdings glich das Angebot mehr einem Trödelmarkt. Später fand der Weihnachtsmarkt auf dem Karl-Marx-Platz (heute Augustusplatz) und dem Marktplatz statt. Für die **Leipziger Kinder** wurde es zu einer schönen Tradition, den Weihnachtsmann vom Hauptbahnhof oder später vom Bayrischen Bahnhof abzuholen und auf seinem Gang in die Innenstadt zu begleiten. Bald standen neben den Verkaufsbuden Achterbahn und Kinderkarussells. Losbuden des NAW (Nationales Aufbauwerk) ließen auf den Gewinn eines Weihnachtsbratens hoffen. Daneben bot das „**Sputnikzentrum**" den Leipziger Kindern Gelegenheit zum Basteln der Weihnachtsgeschenke für Eltern und Verwandte. Fiel das Warenangebot durch Engpässe etwas dürftig aus, versuchte man dies durch großformatige Aufsteller zu politischen Themen zu kaschieren.

Große Anerkennung fanden die Einrichtung des **Märchenwaldes,** der nicht nur bei Kindern sehr beliebt war. Im Mittelpunkt stand aber jedes Jahr der **Weihnachtsbaum**, der alle Verkaufsbuden und Fahrgeschäfte weit überragte und der bis heute immer aufs Neue die Leipziger zu Diskussionen über den Wuchs und die Dichtheit des Baumes herausfordert.

Eins, zwei, drei – im Lispsi-Schritt contra Rock 'n' Roll

Im April 1954 öffnete in Leipzig das erste **Bezirksklubhaus der FDJ** (Freie Deutsche Jugend) in der Goethestraße. Beliebt waren die **Tanzabende** dort, die unter einem Motto wie Seemannsball, Böse-Buben-Ball oder Bürokratenball stattfanden und bei denen bis zu drei Bands gleichzeitig spielten. Die bekannteste Gruppe waren wohl die „**Rock 'n' Rollies**". Diese Amateurband spielte alle aktuellen Hits, auch die vom Sender RIAS, nach. Daran hatten die Verantwortlichen der FDJ-Bezirksleitung ebenso wie an den englischen Texten einiges auszusetzen. Schließlich musste die Gruppe ihren Namen in „**Roger Quintett**" ändern, um dem drohenden Auftrittsverbot zu entgehen.

„**Heute tanzen alle jungen Leute den Lispsi-Schritt ...**", sang Helga Brauer, eine beliebte Schlagersängerin, 1959. Die vom Leipziger **Tanzlehrer-Ehepaar Christa und Helmut Seifert** zur Musik von René Dubianski kreierte Mischung zwischen Walzerschritten und lateinamerikanischem Einfluss setzte sich trotz aller Demonstrations- und Lehrfilme und der Werbung in der Presse nicht durch. Das Ehepaar Seifert erhielt für die Eigenkreation den Kunstpreis der DDR – die Jugendlichen tanzten trotzdem lieber **Rock 'n' Roll.**

„Schnipselkästen" in Straßenbahn und Bus – Selbstbedienung auf dem Vormarsch

Der allgemeine Trend in der DDR, in den 50er Jahren das System der **Selbstbedienung** in den Verkaufsstellen einzuführen, machte bei den Bussen und Bahnen der Leipziger Verkehrsbetriebe nicht Halt. Zur Einsparung von Arbeitskräften wurde ab 1. Oktober 1959 schrittweise ein neues System der Fahrkartenselbstentwertung in den Straßenbahn-, Obus- und Omnibuszügen eingeführt. Die Straßenbahnzüge verkehrten bald „**ohne Schaffner mit Zahlbox**" bzw. Entwerter für die Straßenbahnkarten. Die komplette Umrüstung aller Fahrzeuge des Nahverkehrs war in Leipzig 1965 abgeschlossen.

Bereits im Dezember 1957 entfielen im **Hauptbahnhof Leipzig** die Sperren an den Eingängen zu den Bahnsteigen. Die Kontrolle der Fahrkarten wurde nunmehr nur noch in den Zügen vorgenommen.

Der erste **Selbstbedienungsladen** öffnete am 26. Februar 1957 in Leipzig in der Ernst-Thälmann-Straße (Eisenbahnstraße). Als die modernste Selbstbedienungsgaststätte der DDR galt die Schnellgaststätte „Am Hallischen Tor", die nach der Renovierung am 1. März 1957 die ersten Gäste empfing.

Lange warten auf 'nen PKW

Die technische Ausstattung der Haushalte in der DDR stieg nur sehr allmählich an. Kundenwünsche ließen sich nicht so schnell befriedigen wie sie, wohl auch durch die Kontakte mit der „Westverwandtschaft", aufkamen. Die in den ersten Jahren in der DDR produzierten Autos der Typen EMW, P 70, IFA F9 und „Sachsenring" wurden nur in geringer Zahl hergestellt und hauptsächlich an Behörden, Betriebe und Taxiunternehmen ausgeliefert. 1958 kam der Kleinwagen **Trabant** als Zweitakter für die private Nutzung auf den Auto-Markt und wurde auf der Herbstmesse 1958 erstmals der Öffentlichkeit präsentiert.

Die „**Rennpappe**" war ein typisches Produkt der DDR-Mangelwirtschaft – aus Mangel an Edelstahlblechen wurde der Trabant mit einer Karosserie aus Duroplast (einer speziellen Kunststoffart) bis zur Einstellung der Produktion 1991 in über dreimillionenfacher Ausfertigung gebaut. In den Werbebroschüren wurde der „**Trabi**" als „**beweglich, sparsam, in mehreren Farben lieferbar und formschön" beschrieben**. Sicher hätten gern mehr Leipziger diesen Wagen besessen. Ein Autokauf, egal welchen Typs, war in der DDR seit den 60er Jahren nur auf Vorbestellung beim IFA-Vertrieb möglich. Die Wartezeit betrug für den „Trabi" zuletzt zwischen zwölf und 15 Jahren. Dies sowie die hohen Preise, die bei privaten Autokäufen gezahlt werden mussten, war für viele Leipziger ein Grund, sich für den Erwerb eines **Mopeds** oder eines **Motorrades** zu entscheiden. Schon 1955 war das erste Moped der DDR-Produktion in den HO-Geschäften. Der **SR1** durfte ohne vorherigen Besuch einer Fahrschule und ohne Fahrerlaubnis, allerdings erst ab einem Mindestalter von 16 Jahren, gefahren werden.

Fernseher als Konkurrenz zum Kino?

Als der Deutsche Fernsehfunk 1956 seinen Sendebetrieb aufnahm, verfüg-

ten nur wenige Haushalte über ein eigenes Gerät. **„Gemeinschaftsgucken"**
in den Hausgemeinschaften war angesagt.

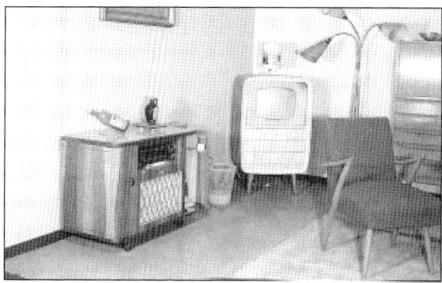

*Zimmereinrichtung
aus den 1950er Jahren,
Anbaumöbel Model 602
aus dem VEB Deutsche
Werkstätten Hellerau
(1958) mit Fernsehtruhe
„Atelier", VEB Rafena
Radeberg, (1956).*

Die Leipziger konnten allzeit das Westprogramm empfangen, trotz
aller Propagandaaufrufe der politischen Führung und der **„An-
tennenknickaktionen"** der FDJ unter der Bezeichnung **„Aktion
Ochsenkopf"** oder **„Aktion Blitz"** Anfang der 60er Jahre. Der
Ausstattungsgrad mit Fernsehgeräten der klangvollen Markennamen
„Rembrandt", „Dürer" oder **„Cranach"** stieg bis 1960 auf über 15
Prozent. Dieser Trend setzte sich in den folgenden Jahren fort, im
Gegenzug ließ das Interesse an Kinobesuchen etwas nach. Trotzdem
waren einzelne Filmproduktionen aus Italien, Frankreich, den USA
oder der BRD sowie die DEFA-Filme aus dieser Zeit (unter ihnen
„Nackt unter Wölfen", 1958) beim Publikum gefragt.

Beliebt, nicht nur bei Jugendlichen, war das 1950 in der Osthalle des
Hauptbahnhofs eröffnete **Zeitkino**. Vor allem für die Reisenden gedacht, die einen längeren Aufenthalt auf dem Bahnhof überbrücken
mussten, liefen von früh bis abends Kurzfilme.

Badezimmer und Anbaumöbel

1958 beschloss der V. Parteitag der SED den Bau von hunderttausend

neuen Wohnungen. Für die in den 60er
Jahren zunehmend in Plattenbauweise
errichteten Wohnungen betrug die
durchschnittliche Wohnfläche für eine
Familie **55 qm**. Der Mietpreis lag einheitlich im Monat bei **0,49 Mark pro**

*Endlich ein eigenes Badezimmer in der
Neubauwohnung. (Foto Herkules Verlag)*

Quadratmeter. Die Wohnungen waren oft noch mit **Kohleheizung** ausgestattet, die **Bäder** dagegen verfügten meist über eine Einbauwanne und Wandfliesen.

Die bisher gefertigten Einzelmöbel wichen nach und nach flexibel kombinierbaren **Anbaumöbeln** aus furnierten oder foliebeschichteten Spanplatten. Entsprechend des abgestimmten Möbelangebots ähnelten sich die Wohnungseinrichtungen schließlich immer mehr.

Der Arbeitsalltag – bestimmt vom Kollektiv

In den 50er Jahren gab es in den Betrieben und Einrichtungen umfangreiche Bemühungen zur positiven Veränderung der „Arbeits- und Lebensbedingungen". Dazu zählten neben Festlegungen zum Arbeitsschutz eine breitere ärztliche Betreuung in den Betrieben, das Ausschmücken des Werksgeländes oder der Arbeitsplätze mit Blumen, die Verbesserung des Essens, von Werkküchen und die Gründung von Sport- und Kulturgruppen. Die Umsetzung war jedoch nicht immer einfach: so fehlten z.B. ausreichend Essbestecke in den Kantinen – der Handel steckte in Lieferschwierigkeiten. Neben der Lösung beruflicher Aufgaben kümmerten sich die **„Kollektive der sozialistischen Arbeit"** auch um Bildung und Geselligkeit, organisierten Besuche in Theatern, Museen und anderen Einrichtungen sowie die aktive Teilnahme an Sportveranstaltungen. Großen Anklang fanden gemeinsame Feiern und Ausflüge. Generell im Kollektiv begangen wurden offizielle und nichtoffizielle Feiertage, wie Frauen- und Männertag. Trotz teilweise katastrophaler Arbeitsbedingungen in vielen Betrieben wurden von den Werktätigen immer wieder Höchstleistungen erwartet.

Lohn- und Gehaltszahlungen erfolgten in Verwaltungen und Betrieben in ganz unterschiedlicher Weise. In den Verwaltungen erhielten die Mitarbeiter meist Mitte des Monats eine Einmalzahlung in bar. Erst in den letzten Jahren der DDR hatte sich die Gehaltsüberweisung auf ein Girokonto umfassend durchgesetzt. Arbeitern wurde in den ersten Jahren der Lohn noch wöchentlich, gegen Quittung auf der **Lohntüte,** ausgezahlt. Später wurden die **Lohnzahlungen** in Abschläge, eine Art Grundbetrag in gleichbleibender Höhe, sowie die **Restzahlungen,** die sich aus der Berechnung entsprechend der Arbeitsleistungen und Zuschläge für Schicht- oder Nachtarbeit ergaben, aufgeteilt. Daneben gab es vorwiegend in den Produktionsbreichen ein Prämiensystem für „**hervorragende Einzel- und Kollektivleistungen**". Neben Jahresendprämien sollten Zielprämien für die Erfüllung eines speziellen Arbeitsauftrages sowie Leistungsprämien, die in Geld oder als Sachwert ausgegeben werden konnten, die Werktätigen im Interesse der Erhöhung der Arbeitsleistungen und -ergebnisse stimulieren.

Eine halbe Stunde mehr Freizeit – Einführung der 45- Stunden-Woche

Am 18. Januar 1957 beschloss die Volkskammer der DDR die Einführung der **45-Stunden-Woche**. Schon seit Anfang Januar testeten 11 Betriebe in der DDR den veränderten Zeitablauf, zu ihnen gehörte das **Volkseigene Falz- und Heftmaschinenwerk Leipzig**. Ab dem 1. März begann für 120 000 Werktätige des Bezirkes Leipzig die 45-Stunden-Woche. Es waren zunächst die Beschäftigten des Maschinenbaus, des Hüttenwesens, der Stahl- und Walzwerke, des Braunkohlenbergbaus, der Grundstoffchemie und der Reichsbahnausbesserungswerke, die an den sechs Arbeitstagen der Woche jeweils eine halbe Stunde eher in den Feierabend gehen konnten.

Simultanschachturnier, anlässlich der DDR- und Landesmeisterschaften im Schach. Markt vor dem Alten Rathaus, Juli 1951.

Freizeit und Regeneration von der körperlich meist noch sehr anstrengenden Arbeit spielte sich bei Älteren vor allem in der Familie und bei Geselligkeit im Kollegenkreis ab. Genauso wurde im Privaten mit **Wein, Sülze in Aspik, Bowle** und **Kuchen** gefeiert, getanzt und gelacht. Jüngere bevorzugten den sportlichen Ausgleich oder Ausflüge und kleine Reisen. Gut besucht waren nach wie vor Tanz- und Unterhaltungsveranstaltungen. Das 1956 neu eröffnete **„Ring-Café"** galt seinerzeit als das schönste und modernste Café der DDR.

Die 50er Jahre waren insgesamt auch eine sportbegeisterte Zeit. Wer nicht selbst aktiv in einer Sportgemeinschaft eingebunden war, besuchte die zahlreichen **Veranstaltungen auf der Radrennbahn**, das **Pferderennen im Scheibenholz** und natürlich die **Friedensfahrt**.

Verändertes Familienbild, andere Familienfeiern

Während die DDR, abgesehen von der Betreuung durch die Organisation der **„Volkssolidarität"**, den Rentnern wenig finanzielle Zuwendungen zukommen ließ, wurden Familien mit Kindern seit Ende der 50er Jahre besonders gefördert. 1958 wurde eine staatliche Geburtenbeihilfe eingeführt, die beim ersten Kind 500 DM, bei mehr als vier Kindern bei 1 000 DM lag. Dadurch stieg auch in Leipzig in den folgenden Jahren die Geburtenrate erheblich an. Zeitgleich entstanden neue Kinderkrippen, Kindergärten und die Anzahl der Hortplätze wurde ausgebaut.

Im Privaten führten die gesellschaftlichen Veränderungen zu modifizierten familiären Feiern. In kirchlich geprägten Familien gehörten Taufe, Konfirmation und kirchliche Hochzeit (nach der gesetzlich vorgeschriebenen Eheschließung auf dem Standesamt) weiter zu den Höhepunkten des Alltags. In den zunehmend atheistisch geprägten Familien favorisierte man die staatlich geförderte **Jugendweihe** beim Übergang ins Erwachsenenleben.

Jugendweihefeier für Schüler der 53. POS „Johannes R. Becher", April 1980.

So erhielten an den beiden Ostertagen im April 1959 im Bezirk Leipzig 11 500 Jugendliche in 189 Feiern die Jugendweihe. Namhafte Künstler und Orchester gestalten die Feierstunden, die meist im Filmtheater **„Capitol"**, später im **„Brühlzentrum"** am Sachsenplatz oder im Neuen **Gewandhaus** stattfanden. Bis Ende der 80er Jahre nahmen rund 98 Prozent aller Schüler an den Jugendweihen teil. Allerdings stießen die neu eingeführten **sozialistischen Eheschließungen** und **Namensweihen** auf wenig Akzeptanz. Anstelle der Taufe entwickelte sich die **Schuleinführung** zu einem immer größer werdenden Familienfest – eine Entwicklung, die auch im heutigen Leipzig noch zu beobachten ist. „Einschulung" – dazu gehörten **Zuckertüte, festliche Kleidung** und der **Ranzen**.

Leipzig in den 60er Jahren – es wird besser

Goldbroiler, Spezitex und DEDERON

Goldbroiler, Spezitex und DEDERON (ein eingetragenes Warenzeichen bzw. Produktname der DDR) stehen für die Entwicklung der DDR in den 60er Jahren. Galt in den 50er Jahren noch die Bockwurst als besonderer Genuss, so traten bald Hähnchen (mit der DDR-typischen Bezeichnung **„Broiler"**), Schaschlik und Rostbrätl an deren Stelle.

Bezugsscheine für Kartoffeln sind passé

Nach der vollständigen Kollektivierung in der Landwirtschaft (1960) und dem Mauerbau (1961) traten erneut Versorgungsschwierigkeiten bei Milch- und Fleischerzeugnissen auf. Der Verkauf von Butter sowie Fleisch- und Wurstwaren wurde über Listen und Ausweise für Stammkunden gelenkt und kontrolliert. Auch die Neueinführung der **Halbfettmargarine „Goldina"** 1965 brachte nicht die staatlicherseits erhoffte Senkung des hohen Butterverbrauchs. Erst 1966 konnte die Bezugsberechtigung für die **Einkellerung von Speisekartoffeln** abgeschafft werden. Bei der Brennstoffversorgung blieben bis 1990 die **„Kohlenkarten"** bestehen. Im Freiverkauf konnten zusätzliche Braunkohlenbriketts erworben werden. Der Bedarf an Koks, der vor allem für die **Dauerbrandöfen** benötigt wurde, war jedoch nie zu decken. Ein Versorgungsproblem, das sich bis zum Ende der DDR immer wieder zeigte, war die nicht ausreichende Produktion und Lieferung von Bier und alkoholfreien Getränken, besonders in den Sommermonaten oder vor Fest- und Feiertagen.

Gefragt sind hochwertige „Konsumgüter"

Trotz gelegentlicher Engpässe verbesserten sich in den 60er Jahren die allgemeinen Lebensverhältnisse spürbar, die Löhne stiegen an, es konnte mehr konsumiert werden. Die Qualität der Lebensmittel aus eigener Produktion, Bekleidung, Rundfunk- und Fernsehgeräte sowie der Möbel hielten durchaus dem Vergleich mit Waren aus dem Westen stand. Nicht immer standen festliche Kleidung, hochmodische Artikel oder Geschenkartikel im oberen Preissegment (Kofferradios, Uhren, Fotoapparate) zum Beispiel für die Jugendweihe zur Verfügung. Vielfach musste auf Handtücher und Bettwäsche zurückgegriffen werden, die allerdings später zeitweilig ebenso zu den Mangelwaren gehörten.
Neben dem als lebensnotwendig eingestuften Grundsortiment an Herden, Warmwasserbereitern und Hausrat gab es ein Angebot an kos-

tenintensiven Konsumgütern wie Waschmaschinen, Kühlschränken und Fernsehern. Die **Küchenmaschinen „Unisette"** oder **„Komet"** mit Kaffeemühle, Fleischwolf, Mixer und Entsafter gehörten ebenso wie der **Dampfdrucktopf** (besser bekannt als Schnellkochtopf) zu den Helfern im Haushalt. Allerdings waren diese in den 50er und 60er Jahren nur sporadisch im Angebot, relativ teuer und funktionierten nicht immer nach den Wünschen der Kunden.

Eingaben lösten nicht alle Probleme

Gut die Hälfte aller Eingaben, mit denen sich Bürger seit 1961 an alle staatlichen Stellen wenden konnten, bezogen sich auf Wohnungsangelegenheiten. Waren die Bürger mit der Bearbeitung ihres Anliegens bei der Stadtverwaltung nicht einverstanden, wandten sie sich an den Rat des Bezirkes, die SED, die Redaktionen der Tageszeitungen, das DDR-Fernsehen (Sendung „Prisma") und den Staatsrat der DDR in Berlin.

Die Leipziger kritisierten in ihren Beschwerden an die Abteilung Handel und Versorgung beim Rat der Stadt die **schleppende Bearbeitung** von Reklamationen oder die **unfreundliche Bedienung** in Verkaufsstellen oder Gaststätten.

In den Katalogen des Leipziger Versandhauses wurden sogar „Importschürzen" aus Nylon angeboten. Allerdings lag ihr Preis mit 65,00 Mark deutlich über den sonst üblichen Preisen zwischen 10,00 und 35,00 Mark für Schürzen aus Baumwolle oder DEDERON.

Insbesondere die Versorgung mit Genussmitteln und hochwertigen technischen Geräten wurde für Einzelne zum wichtigsten Gradmesser des Lebensstandards. Ständig entstanden neue Bedürfnisse. Standen Ende der 1960er Jahre **Kühlschränke** und **Waschmaschinen** in ausreichender Menge für den Kauf zur Verfügung, wurden nun verstärkt **Kühltruhen** verlangt. Beim Erwerb von **Autos** sowie von **Baumaterial** für Datsche oder Eigenheim gehörten Einschränkungen nach wie vor zur Regel.

Zugeteilt werden mussten **Südfrüchte** oder **Kakaoerzeugnisse**, die oft bevorzugt in Schwerpunktbetrieben der Industrie ausgeliefert wurden. So war es in der Vorweihnachtszeit generell Praxis, dass Mangelwaren wie **Feigen, Walnüsse** oder **Kokosraspel** zurückgehalten und erst kurz vor den Festtagen verkauft wurden.

Im März 1960 startete das DDR-Fernsehen die Werbesendung **„Tinas Tausend Tele Tips"** (später Tausend Tele Tips). Sie wurde am 15. Februar 1976 aufgrund der **„Anordnung zur Durchsetzung der sozialistischen Sparsamkeit beim Einsatz materieller und finanzieller Mittel für Werbung und Repräsentation"** eingestellt. Hintergrund war sicher die nicht aufzuhebende Diskrepanz zwischen Angebot und Nachfrage.

„Auf dem Gebiet der Wäschemangeln ist die Lage angespannt ... "

Um die Doppelbelastung der weit gehend berufstätigen Frauen etwas abzumildern, wurde ab Juli 1961 einmal im Monat ein bezahlter Hausarbeitstag **(Haushaltstag)** für allein stehende und vollbeschäftigte Mütter eingeführt. Mit einer weiteren Verordnung vom 1. Januar 1964 verlängerte sich der staatlich gewährte und bezahlte Schwangerschafts- und Wochenurlaub für berufstätige Frauen auf 14 Wochen nach der Geburt. 1972 wurde diese bezahlte Freistellung auf 26 Wochen erhöht.

Zur Erleichterung der Hausarbeit für die überwiegend berufstätigen Frauen und vor allem auch für die „Umsiedlerinnen" wurden in vielen Wohngebieten Ende der 1940er Jahre Gemeinschaftswaschküchen eingerichtet, die allerdings noch mit Waschbottichen und Waschbrettern ausgestattet waren.

Diesen folgten später die „Waschstützpunkte" mit Waschmaschinen und Wäschemangeln. Die Aufnahme zeigt einen Waschstützpunkt in der Heimteichstraße 22.

Eine Unterstützung für Frauen sollte die Einrichtung von **Waschstützpunkten** sein. Der erste entstand im März 1960 im Stadtbezirk Süd, in den folgenden Wochen konnte in jedem Stadtbezirk mindestens eine dieser Einrichtungen, die mit **Waschbottich** und -**kessel, Waschmaschinen** und **Mangeln** ausgestattet waren, benutzt werden.

Im **Waschpunkt Sachsenstraße 19** in **Paunsdorf** konnte die Frauen aus den umliegenden Wohngebieten zum Beispiel 1963 zehn neue Waschmaschinen nutzen. Die Anzahl der Stützpunkte stieg bis 1965 auf über 100 an, die nun zum VEB Dienstleistungskombinat Leipzig (DLK) gehörten. Die Waschstützpunkte verzeichneten jährlich 35 000 Kunden. Allerdings war es schwierig, Ersatzteile oder Austauschgeräte zu beschaffen. So konstatierte das DLK 1965: „Auf dem Gebiet der Wäschemangeln ist die Lage derzeit angespannt, es sollen die Waschstützpunkte in den nächsten Jahren mit Kaltmangeln ausgestattet werden." Später ließen immer mehr Familien ihre Wäsche auch durch Beschäftigte der Dienstleistungsbetriebe in den Waschpunkten waschen oder lieferten diese bei den Annahmestellen des DLK bzw. des VEB Wäscherei der Stadt Leipzig ab.

Reparieren und Heimwerken

Der **Eigeninitiative** bei der Ausführung von Bau- und Reparaturarbeiten durch DDR-Bürger lagen nicht vorrangig handwerkliche Fähigkeiten und Bastelfreude zu Grunde, sondern vor allem der oft beklagte Mangel an Handwerkern. Lange Wartezeiten bei der Annahme von Reparaturen oder deren Nichtausführung wegen fehlender Ersatzteile zwangen gewissermaßen zur Eigenleistung.

Dem trugen staatliche Stellen Rechnung und richteten in Leipzig zum

1. April 1960 in jedem Stadtbezirk ein **Ersatzteillager mit Reparatur- und Verbrauchsmaterialien** ein. Außerdem konnte man in mehreren Stationen Werkzeuge für Maler-, Maurer-, Tischler-, Schlosser- und andere Arbeiten ausleihen. Diese **„Mach-mit-Zentren"** bestanden bis in die 1980er Jahre.

Neue Fasern versprechen modische Kleidung

Trotz aller Bemühungen von amtlicher Seite war es in der DDR nicht leicht, etwas Passendes zum Anziehen zu finden. Zum Standardangebot zählten **Kittelschürzen,** die selbst bei Frauen der jüngeren Generation, oft in Ermangelung einer praktischen Freizeitkleidung, verbreitet waren. Das Material der Kleider bestand bis um 1960 zunächst immer noch aus Zellwolle, nur wenig Kleidung wurde in Baumwolle oder Naturseide angeboten.

Stoffabteilung im „Centrum-Warenhaus", Petersstraße, 1966.

Dann kam die Zeit des Chemieprogramms und unter dem Motto **„Chemie bringt Wohlstand, Schönheit, Glück"** wurden in Abgrenzung zur Bundesrepublik chemische Fasern entwickelt. Neben **GRISUTEN** (die DDR-Antwort auf Trevira der BRD) stand **WOLPRYLA** als Ersatzstoff für Wolle. **PPOLYCON** ersetzte Popeline, **DEDERON** und Acetat-Kunstseide dienten als Ersatz für Naturseide, **VELVETON** war eine Art Samtersatz. Silastik wurde vor allem bei der Herstellung von Strümpfen und Oberbekleidung eingesetzt und war elastisch dehnbar, ähnlich wie Stretch. Diese neuen Stoffe waren pflegeleicht, bügelfrei und knitterarm und erfreuten sich durchaus großer Beliebtheit. Allerdings kam die Produktion zunächst nicht den gestiegenen Anforderungen des Handels nach. Erst 1969 gelang es, ein Produkt namens **„Präsent 20"** auf dem Markt zu bringen. **Mini-Röcke, Hosen für Frauen, kurze Hosen** bzw. **nackte Oberarme** fanden erst nach 1970 Eingang in die DDR-Mode. Inspiriert durch die **Hippie-Bewegung** konnte man sich **Schlaghosen** und **bunten Mustern** nicht verschließen. Insbesondere das Warenzeichen **MALIMO** warb für „**modische, mollige und farbenfrohe**" Bekleidung, die vor allem im Freizeitbereich Einzug hielt. Bereits seit 1966 produzierte die DDR eine Nachbildung der bis dahin verpönten „**Niethosen**", der (West-)Jeans.

Mit „Westgeld" in den Intershop

1962 wurde in der DDR die staatliche Handelsorganisation **Intershop** gegründet. Ziel war die Abschöpfung und Erwirtschaftung frei konvertierbarer Währungen (Devisen, Valuta), die für den Bezug von Rohstoffen und Waren auf dem Weltmarkt benötigt wurden. Zielgruppe waren zunächst Transitreisende und Besucher aus dem westlichen Ausland. In den Geschäften des Intershops konnte nur mit konvertierbaren Währungen bzw. ab 1979 mit Forumschecks (eine Forum-Scheck-Mark entsprach einer DM) und nicht mit Mark der DDR bezahlt werden.

Bis zum 1. Februar 1974 war es DDR-Bürgern verboten, Valuta zu besitzen. Danach durften DDR-Bürger in den meisten Intershops einkaufen.

Die Leipziger bekamen in den **Intershops am Hauptbahnhof**, am **Hotel Astoria**, auf dem **Messegelände**, an der **Burgstraße** (Sporergäßchen gegenüber dem „Thüringer Hof") sowie im späteren **Interhotel Merkur** einen Einblick in das Warenangebot des Westens und konnten dieses nun direkt mit dem Konsumgüterangebot der DDR vergleichen. Das Sortiment umfasste Nahrungsmittel, Alkohol, Tabakwaren, Kleidung, Spielwaren, Schmuck, Kosmetika, technische Geräte, Tonträger und vieles mehr. Diese Produkte gab es in der DDR für DDR-Mark gar nicht oder nur in minderer Qualität zu kaufen. Dabei wurde der größte Teil des Warenangebots im Rahmen der Gestattungsproduktion in der DDR für Westfirmen produziert, wie z.B. die Kaffeedose „**first class Feinster Hochlandkaffee**" als Intershop-Sonderfüllung der **VEB Kaffee- und Nährmittelwerke Halle/Saale**. Dies wurde einer der Hauptkritikpunkte vieler Bürger der DDR, die nie in den Besitz von Valuta oder Forumschecks kamen, weil sie keine „**Westverwandtschaft**" hatten oder als „**Reisekader**" im westlichen Ausland arbeiteten. Als Ausgleich sollten vor allem in den siebziger Jahren die **Exquisit- und Delikatläden** den Bürgern ohne Westgeld Zugang zu hochwertigen Waren ermöglichen und das gewachsene Geldvermögen abschöpfen.

Auf die Gunst des Oberkellners angewiesen

In Leipzig öffneten in den 1960er Jahren bekannte Gaststätten, in denen sich eine **langfristige Platzreservierung** empfahl, wenn man nicht auf lange Wartezeiten und die Platzierung durch den Oberkellner angewiesen sein wollte.

Buchverkauf vor dem Messehaus am Markt mit der Gaststätte „Stadt Kiew", 1977.

Im Zuge der Neubebauung des Georgiringes entstand 1962 das **Weinrestaurant „Falstaff"**, das gute Weine aus dem Saale-Unstrut-Gebiet, ein ausgezeichnetes Speisenangebot und dezente Unterhaltungsmusik offerierte. Ende April 1960 konnte die beliebte **Tanzgaststätte „Mätzschkers Festsäle"** in der Gießerstraße nach umfangreichen Umbau- und Renovierungsarbeiten im Rahmen des NAW (Nationales Aufbauwerk) wieder öffnen. Allerdings trug sie nun die Bezeichnung **„Kulturzentrum Südwest" (später Kulturhaus „Alfred Frank")** und fungierte als **„Mittelpunkt für die kulturelle und parteiliche Arbeit der Werktätigen dieses Stadtbezirkes".**

Milchbar mit Selbstbedienung, Tanzbar nur für Messegäste

Dem allgemeinen Trend zu Selbstbedienung trug auch die beliebte **Milchbar** in der Petersstraße Rechnung, in der nach der Renovierung 1960 Speisen und Getränke nach dem **„Ticketsystem"** zu bestellen waren.

Freisitz der „Pinguin-Eisbar" an der Katharinenstraße (1968).

Die Leipziger werden sich sicher auch an die **„Pony-Diele"** erinnern, wo Gerichte aus Pferdefleisch auf der Speisekarte standen. Zur Herbstmesse 1963 wurde das Restaurant **„Stadt Kiew"** im Messehaus am Markt übergeben, dessen Vorläufer sich in der Katharinenstraße befunden hatte. Die **„Nationalitätengaststätte"**, in Verbindung zu Leipzigs Partnerstadt Kiew, bot neben deutschen Gerichten **ukrainische Soljanka** und **Borschtsch** an.

Das 1967 eröffnete Fischrestaurant **„Gastmahl des Meeres"** an der heutigen Paffendorfer Straße zählte mit seinen 100 Plätzen zu den beliebtesten Gaststätten in Leipzig. Hier hieß es oft: **„Bitte warten, im Moment sind keine Plätze frei!"**

Gut besucht war das **Café „Centra"** in der Petersstraße, das nach dem Umbau 1965 den Charme eines Wiener Kaffeehauses versprühen sollte. Generationen der Leipziger wählten hier ihre Tortenstückchen aus der **fahrbaren Kuchentheke** und genossen an Stelle des typischen Kartoffelsalats mit Würstchen „neumodische" Toastkreationen.
Na ja – ein richtiges Wiener Kaffeehaus wurde das „Centra" sicher nicht. Dafür gewannen andere Einrichtungen fast Kultstatus, wie das Jazzstudio **(„studio g")** im **„Gutenbergkeller"** am Gutenbergplatz 1, das im September 1965 öffnete und täglich von 19 bis 1 Uhr den Gästen, unter ihnen viele Leipziger Künstler, offen stand. Im Leipziger Jubiläumsjahr 1965 entstanden weitere **Nachttanzbars**, die allerdings oft recht teuer waren und meist den gut betuchten Geschäftsleuten und Messegästen vorbehalten blieben. In diesem Jahr floss wieder Wein aus dem Faust-Fass in Auerbachs Keller, wenn auch nur aus im Fass versteckten Glasballons.

Jubel, Trubel, Festumzug – Leipzigs 800-Jahrfeier 1965

Die Leipziger sind kreativ und begeisterungsfähig, und so ist es nicht verwunderlich, dass nicht nur die Turn- und Sportfeste die Leipziger zum Mittun anregten. Dies trug besonders zum Gelingen des größten Leipziger Stadtfestes während der DDR-Zeit, den Feierlichkeiten anlässlich der **800-Jahrfeier** 1965, bei. Obwohl der „Stadtbrief" als eigentliche Urkunde der Stadtrechtsverleihung gar kein Datum enthält (wissenschaftlich exakt wird es mit „um 1165" eingeordnet), beschlossen Partei- und Staatsführung, dieses Jubiläum auf das Jahr 1965 zu legen. Wie zu allen Staats- und Feiertagen üblich, verpflichteten sich Leipziger im Vorfeld des Jubiläums zur Produktionserhöhung, zur Verbesserung der Ordnung und Sauberkeit im Wohngebiet und trugen zahlreiche Ideen für ein buntes Festprogramm zusammen.
Im Jubiläumsjahr konnten in Leipzig viele internationale Gäste be-

grüßt werden, unter ihnen **Louis Armstrong** mit seinen „All Stars" aus New Orleans („King of Jazz") sowie der erste sowjetische Stadtkommandant von Leipzig, **Generaloberst Nikolai Trufanow.**

Auf der **Jubiläumsfrühjahrsmesse** vom 28. Februar bis 9. März 1965 wurde mit dem **„Messemännchen"** ein neues Maskottchen der Leipziger Messe präsentiert. Die eigentliche Festwoche fand vom 25. September bis zum 7. Oktober 1965 statt.

Der über zwei Stunden andauernde Festumzug am 3. Oktober zeigte Bilder aus der Geschichte der Stadt mit Messewagen, Raubrittern, kämpfende Bauern, Lützow'schen Jägern usw. Natürlich fehlten politische Losungen und die Darstellung des Klassenkampfes nicht. Trotzdem erinnern sich die Leipziger noch gern an die Mitarbeit beim Gestalten der Kostüme und der Festwagen oder an ihre aktiven Rollen beim Zug durch die Innenstadt.

„Beat-Aufstand" in Leipzig

Sehr negative Schlagzeilen in der **Leipziger Volkszeitung** zog dagegen der so genannte **„Beat-Aufstand"** im Oktober 1965 nach sich, als Jugendliche in der Innenstadt „illegal" gegen die staatliche Bevormundung demonstrierten. Etwa 1 000 junge Menschen, begleitet bzw. beobachtet von noch mehr FDJ-Funktionären, Genossen und Sicherheitskräften, demonstrieren am 31. Oktober 1965 auf dem **Wilhelm-Leuschner-Platz**. Sie wollten sich nicht länger vorschreiben lassen, welche Musik und Haarlänge gut für sie war und traten für die **Musik der Beatles** und anderer Gruppen ein. An Wänden und Mauern war zu lesen **„Nieder mit dem Polizeiterror, wir wollen nur noch Beatles".** Vorausgegangen war der Entzug der Lizenz für über 50 lokale Beatbands, deren Musikstil, das äußere Erscheinungsbild der Musiker, ihr Lebenswandel und vor allem die Verwendung der englischen Sprache für die Bandnamen sowie deren westliche Orientierung nicht in das Konzept der SED passten.

Die Bereitschaftspolizei ging gegen die Demonstranten mit Wasserwerfern vor, drängte die Jugendlichen in die Passagen der Innenstadt und brachte 267 von ihnen per Lkw in Untersuchungshaft.

97 der Verhafteten landeten ohne Gerichtsverhandlung im **Tagebau Regis-Breitingen** zur Zwangsarbeit. „Harmlos" oder als „Mitläufer" Eingestufte wurden nach Hause entlassen, nicht ohne vorherige Ermahnungen und Belehrungen. Dass sich die Mehrzahl der Jugendlichen „undiszipliniert" an der Musik aus dem Westen und an englischen Gruppen orientierte, war für die Regierung der DDR und die Funktionäre im Bezirk Leipzig nicht akzeptabel.

Ansturm auf die „Blechbüchse"

Am 22. August 1968 öffnete das **„konsument"-Warenhaus** am Brühl. Innerhalb von zweieinhalb Jahren war es komplett umgebaut worden und bot auf 11 000 Quadratmetern Fläche Artikel nach modernen Verkaufsgesichtspunkten an. 96 Prozent der Waren sollten von den Kunden durch Vorauswahl, Selbstentnahme und Selbstbedienung erworben werden.

Das mit einer Aluminiumfassade umkleidete Großkaufhaus „**konsument**" hieß fortan bei den Leipzigern „**Blechbüchse**" oder „**Bemmenbüchse**". Besonders interessierten sich die Leipziger für **Rolltreppen** mit einer „Stundenleistung von 8 000 Personen", waren doch die alten Einbauten durch Demontage und Reparationen nach 1945 verschwunden. Der Besucherstrom von 90 000 bis 100 000 Kunden am ersten Tag musste einige Male im Interesse eines ruhigen Geschäftsablaufes von der Polizei gestoppt werden.

Schlangen vor Leipzigs Bars und Tanz über den Dächern der Stadt

In der **Mädlerpassage 14** befand sich der **HO-Gastronomie-Service**, der eigentlich warme Speisen, Platten und Räumlichkeiten für Familienfeste vermitteln sollte. Allerdings hatten die dort tätigen Mitarbeiter mehr und mehr mit der Annahme von Vorbestellungen für die **Sonnabend-Tanzveranstaltungen** zu tun, die meist vorher ausverkauft waren. Wer zu dieser Zeit ohne Karten spontan tanzen wollte, stand oft vor wegen Überfüllung geschlossener Türen.

Für die Leipziger Jugendlichen bot sich zu Beginn der 60er Jahre eine neue Attraktion. Mit **„Tanz über den Dächern der Großstadt"** oder **„Tanz in der 5. Etage"** warben Anzeigen in der **Leipziger Volkszeitung** für eine neue Form des Jugendtanzes im **„Messehaus am Markt"**. Mussten die ersten Veranstaltungen noch mit einem kleinen Publikum und scheinbar als Straßenwerbung bei geöffnetem Fenster stattfinden, strömten bald immer mehr Jugendliche per Fahrstuhl zu heißer Musik mit **Dauer-Twist-Einlagen**. Günstige

Eintrittspreise, gepflegte Umgebung sowie Gastronomieservice durch ebenfalls jugendliches Bedienungspersonal führten bald zum ständigen Ausverkauf der sonnabendlichen Veranstaltungen. Ende der 60er/ Anfang der 70er Jahre fanden bald größere Jugendtanzveranstaltungen wie beispielsweise im **„Angela-Davis-Club"** im Restaurant auf dem Messegelände oder im Leipziger **„Burgkeller"** am Naschmarkt statt.

Freizeit – sinnvoll nutzen

Im August 1967 wurde in der DDR die Fünftage-Arbeitswoche mit einer durchschnittlich wöchentlichen Arbeitszeit von 43,75 Stunden eingeführt. Die frei gewordene Zeit sollte vor allem durch eine „sinnvolle" Freizeitgestaltung genutzt werden. Dazu gehörte neben der Betätigung in Kulturhäusern, Arbeitsgruppen, Sportclubs und Zirkeln vor allem die Förderung des Lesens mit einem breiten Angebot „ausgewählter" klassischer und Gegenwartsliteratur. Die aktive Erholung wurde durch die unentgeltliche Bereitstellung von Sportplätzen und Sporthallen gefördert.

Charakteristische Bereiche der Freizeitgestaltung wurden **Schrebergarten und „Datsche"**. Diese kompensierten mangelhafte Wohnungen und enge Wohngebiete.

Eine **Partykultur** mit Bierfässchen und Heimgrill wurde durch Angebote des DDR-Handels unterstützt. Gegrillt wurde im Kleingartenverein, auf Balkonen oder innerhalb der Hausgemeinschaften auf Grünflächen oder im Innenhof. Längst gehörten die gemeinsam verbrachten Stunden vor dem einzigen Fernsehgerät im Haus der Vergangenheit an. Bis Mitte der 60er Jahre verfügte bereits ein Viertel der Haushalte über ein eigenes Gerät.

Daneben zogen **Schallplattenspieler, Kofferradios** und **Tonbandgeräte** die Musikliebhaber in ihren Bann. Gerade Jugendliche verbrachten viele Stunden ihrer Freizeit damit, Westsender zu hören und gängige internationale Musiktitel zu überspielen.

Urlaub à la DDR

Zu den beliebtesten Urlaubsarten während des zwölftägigen Mindesturlaubs (später 18 Tage, ab 1979 Erhöhung auf 21 Tage) in der DDR gehörte **Camping**. Viele Leipziger strebten hierfür die **Ostsee** oder zumindest einen größeren **Binnensee** an.

Wer über mehr Komfort verfügen wollte, legte sich den praktischen **Klappfix** zu und hatte damit zumindest einen festen Boden unter den Füßen.

Die Reiselust konnte natürlich mit Hilfe der Buchung beim Reisbüro der DDR (Bezirksdirektion Leipzig in der Katharinenstraße 1/3 bzw. Markt und im Reisebüro am Neumarkt) befriedigt werden. Hoch im Kurs standen Reisen ins Ausland, das heißt in einige ausgewählte osteuropäische Bruderländer. Ein Großteil der Leipziger verbrachte seinen Urlaub in über die Gewerkschaft oder die Betriebe zugeteilten Ferieneinrichtungen. Und für die Kinder war es eine Selbstverständlichkeit, für zwei bis drei Wochen ins Ferienlager zu fahren oder die örtlichen Ferienspiele zu besuchen, die vielfältige Ausflüge, Spiel- und Sportmöglichkeiten boten – und das für nur eine Mark pro Woche!

„Da liegt Musike drin"

Mit besonderer Spannung wartete man in Leipzig auf das neue **Opernhaus**. Die Neueröffnung der Oper fand im Rahmen einer Festwoche im Oktober 1960 mit der Aufführung der „Meistersinger" von Richard Wagner statt, an der neben dem gebürtigen Leipziger **Walter Ulbricht** mit Friedlind Wagner eine Enkelin Richard Wagners teilnahm.

Karl-Marx-Platz (Augustusplatz), Opernhaus und Blick zum Georgiring Richtung Wintergartenstraße (1989).

In bühnentechnischer und räumlicher Ausstattung gehörte das Leipziger Opernhaus mit knapp 1 700 Zuschauerplätzen seinerzeit zu den modernsten Musiktheaterbauten

Europas. Im neuen Opernhaus wurden auch klassische Operetten und Schauspiel aufgeführt.

Das **Haus „Dreilinden"**, später **„Musikalische Komödie"**, inszenierte vorwiegend Ballett, Musical und Operetten.
Vielseitige Veranstaltungen wie Eisrevuen und Tanzturniere fanden im **„Haus der heiteren Muse"** an der Wintergartenstraße statt. Erinnern werden sich viele Leipziger bestimmt an die Reihe **„Da liegt Musike drin"**, die von **Heinz Quermann** ins Leben gerufene Live-Sendung, die samstags aller acht Wochen fürs Fernsehen aufgezeichnet wurde. Ab 1968 moderierte Kammersänger **Rainer Süß** die beliebte Familiensendung, deren letzte Folge im Dezember 1985 über den Bildschirm flimmerte. Das „Haus der Heiteren Muse" selbst wurde im Mai 1991 mit der letzten Unterhaltungsveranstaltung **„Glück muss man haben"** geschlossen.

Auf dem Gelände des ehemaligen Krystallpalastes an der Wintergartenstraße hatte der Zirkus Aeros viele Jahre seinen Standort, ehe das Gebäude zum Haus der Heiteren Muse umgestaltet wurde.

Mitte der 60er Jahre produzierten die Unterhaltungsredaktionen von Rundfunk und Fernsehen der DDR in Leipzig massenwirksame Fernsehsendungen. Für die Aufzeichnungen der Veranstaltungen **„Mit dem Herzen dabei"** und **„Spiel mit"** versammelten sich unter der Leitung von **Hans-Georg Ponesky** 1965 bzw. 1966 tausende Leipziger zum Mitmachen vor dem Hauptbahnhof und auf dem Karl-Marx-Platz (Augustusplatz).

Leipzig in den 70er Jahren – Freizeit nutzen

„Grilletta", die Antwort auf den „Hamburger"

In den 70er Jahren verbesserte sich rein statistisch gesehen die Versorgung mit Lebensmitteln sowie mit Bekleidung. Etwa 40 Prozent des Aufkommens an Obst in der DDR und ca. acht Prozent an Gemüse kamen dabei aus den eigenen Kleingärten.

Kleingartenanlage Leipzig-Schönefeld, im Hintergrund das Neubaugebiet Schönefeld (Aufnahme 1987).

Gleichzeitig stiegen die Ansprüche der Kunden. Es wurden mehr hochwertige Nahrungsmittel wie Fleisch- und Wurstwaren, Konditor- und Feinback-, Dauerback- und Teigwaren gekauft. Der Abverkauf von Kartoffeln und Brot ging gegenüber den 60er Jahren zurück. Zu den Neuschöpfungen der 70er Jahre zählt auch die „**Grilletta**" als Antwort auf den westlichen „Hamburger".

„Bück-dich-Ware" oder „Beziehungen sind alles"

Ob im beruflichen, gesellschaftlichen oder privaten Bereich war es für jeden hilfreich, über ein gewisses Netz an **Bekanntschaften** und **Beziehungen** zu verfügen, um im Bedarfsfall die Engpässe der staatlichen Versorgung aufbrechen zu können. Oftmals waren dabei weniger die „**Alu-Chips**" der DDR, als Westmark oder Forumschecks gefragt. Noch besser war aber ein Angebot an Dienstleistungen oder adäquaten Waren, die im Bedarfsfall ohne jegliche Steuerung über die Handelseinrichtungen ihre Besitzer wechselten.

Gute Kontakte zu Verkäufern im nächstgelegenen **Konsum-** oder **HO-Lebensmittelgeschäft** sicherten eine kontinuierliche Belieferung oder Information über eingetroffene Extraangebote wie zum Beispiel **Südfrüchte** oder andere Mangelwaren. Auch für die eigene Bekleidung waren derartige Beziehungen von größtem Vorteil – nicht selten erhielt man „**unter dem Ladentisch**" zurückgelegte Blusen, Hosen oder Jacken zur Auswahl vorgelegt.

In den Regalen Büchsen und Kohlköpfe, in den Schaufenstern politische Losungen

Unter der Bevölkerung kursierte folgender Spruch: „**Es gibt alles, nur nicht immer und schon gar nicht, wenn es gerade gebraucht wird.**" Die Schaufenster wurden oft mangels repräsentativer Waren mit politischen Plakaten und Losungen ausgeschmückt. Zu Messe- und offiziellen Feiertagen fiel die Dekoration fast immer etwas üppiger aus. In Kaufhallen und sonstigen Geschäften wurden Waren so angeordnet, dass auf den ersten Blick der Kunden keine leeren Regale und Stände sichtbar waren. In gleicher Weise wurde in den Leipziger Kaufhallen bisweilen versucht, mit Türmen von Obst- oder Gemüsegläsern und -büchsen das Bild eines breiten Angebotes zu vermitteln.

Ausnahmsweise mal gefüllte Regale.

Hamsterkäufe waren deshalb häufig die Folge – besonders gut gingen dabei immer Handtücher und Bettwäsche, die man ja bei vielen Gelegenheiten verschenken konnte. Bei elektronischen Geräten wurden Bedarf und Angebot teilweise über die Preise geregelt – nicht jeder, der gern einen Farbfernseher sein Eigen genannt hätte, verfügte über die dafür erforderlichen 5 000 bis 6 000 Mark. Allerdings gehörten Waschmaschinen, Kühlschränke und Schwarz-Weiß-Fernseher in der DDR der 70er Jahre zur Grundausstattung der Haushalte.

Unzufriedenheit mit „Kaffee-Mix" ...

In der DDR lag der jährliche Verbrauch an Kaffee bei 50 000 Tonnen pro Jahr. Damit gehörte die DDR zu den Spitzenreitern in der Welt. Unvorstellbar hoch war dagegen der Preis für die bei den Sachsen so beliebten Bohnen: 125 g Kaffee kosteten rund 10,00 Mark!

Als im Sommer 1977 aufgrund der erhöhten Weltmarktpreise die staatlichen Stellen eine Senkung des Kaffee- und Kakaoverbrauchs festlegten, wurde die hochwertige Sorte **„Mokka-fix Gold"** aus dem Verkehr gezogen, es blieben nur **„Rondo"** und **„Mona"** in den Geschäften.

Als Ersatz wurde eine neue Sorte auf den Markt gebracht: der **„Kaffee-Mix"**, eine „hochveredelte Mischung aus erlesenem Röstkaffee und fein abgestimmten Surrogaten". Die Bevölkerung vermutete jedoch bei **„Erichs Krönung"** eine minderwertige Qualität und so blieb der **„Kaffee-Mix"** trotz Preissenkung ein Ladenhüter.

... und „Präsent 20"

Mit **„Präsent 20"** wurde ein Großrundstrick-Gewebe aus 100-prozentiger Polyesterseide bezeichnet. Diese Chemiefaser war anlässlich des 20. Jahrestages der DDR 1969 eingeführt wurden. Sie war zwar pflegeleicht und bügelfrei, erwies sich aber als wenig atmungsaktiv. Angeboten wurden **Damenkostüme** und **Herrenanzüge.** Anfang der 70er Jahre entsprachen diese noch dem Modetrend und wurden von der Bevölkerung recht gut angenommen. Ab Mitte der 70er Jahre waren eher **Jeans- und Kordstoffe** gefragt. Kordhosen wurden überwiegend in den **„exqusit"-Geschäften** verkauft. Natürlich sahen die Jugendlichen im Leipziger Schauspielhaus 1972 die „Neuen Leiden des jungen W." von Ulrich Plenzdorf, ein großer Theatererfolg in der DDR, mit dem das Tragen der Jeans letztendlich salonfähig wurde.

Nach dem Verkauf der ersten originalen **„Levi's"** zu relativ moderaten Preisen boten die **Jugendmodeläden** (Jumo) zunehmend Modelle aus Jeansstoff der DDR-Produktion an. Die Marken **„Wisent"** und **„Boxer"** und andere Nachahmungen erreichten niemals das unverwechselbare Flair des US-amerikanischen Modells. Der Wunsch nach einer **„echten Jeans"** konnte meist nur im Intershop bzw. durch Erhalt eines Westpaketes erfüllt werden.

Mode – selbst gemacht

Wie in vielen anderen Bereichen üblich, griffen Leipziger bei der Bekleidung zur Selbsthilfe. Am Georgiring leuchtete sichtbar die Reklame für die **Modezeitung „saison"**, die ebenso wie **„Sybille"** und **„pramo"** und **„Modische Maschen"** beim Leipziger Verlag für die Frau in der Friedrich-Ebert-Straße produziert wurden.

Der Verlag verfügte neben der Redaktion über eine Versuchsküche, eine Grafik- und Fotoabteilung, eine Schneiderwerkstatt, den Schnittsektor und ein Handkoloratelier. Das angeschlossene „Modenschauteam" veranstaltete jährlich über 300 Modepräsentationen. Der Verlag für die Frau – das war für die meisten Leipziger natürlich das stets gut besuchte **„Schnittzentrum"** am Neumarkt.

Dort konnte man sich in den Zeitschriften über neueste Trends informieren und Strick- und Nähanleitungen erwerben, die in vielen Familien, in Nähzirkeln des DFD (Demokratischer Frauenbund Deutschlands) oder der Klub- und Kulturhäuser beim Nachschneidern Verwendung fanden.

„deli", „ex" oder „Trabi" per Genex

In den bereits seit 1962 bestehenden, Mitte der 1970er Jahre weiter ausgebauten **Exquisit-Fachgeschäften** wurde modische Bekleidung zum Teil aus der eigenen Produktion und zum Teil aus Importen aus dem NSW (Nichtsozialistisches Wirtschaftsgebiet) angeboten. Im Vergleich zu der sonst üblichen Konfektion betrugen die Preise das Zwei- oder Dreifache.

Bekleidung für den gehobenen Geschmack und im oberen Preissegment wurde in den Modegeschäften „exquisit" wie hier an der Reichsstraße angeboten.

Im Delikat-Programm der Leipziger Verkaufsstelle am Georgiring wurden Ende der 1970er Jahre Erzeugnisse aus dem NSW aufgenommen. Besonders begehrt waren **Ananas- und Pfirsichkonserven** zu 8 bis 14 DDR-Mark sowie das lösliche **Kakaogetränk „Trink fix"** für 8 Mark.

Wer über „Westverwandtschaft" verfügte, sah auch Produkte Leipziger Betriebe in den **„Genex-Katalogen"** (die Genex-Geschenkdienst und Kleinexport GmbH saß mit einem Informationsbüro in der Kupfergasse 3) und konnte so sogar die zwischen 10 und 15 Jahren andauernden Wartezeiten für **Trabant, Wartburg** oder **Lada** umgehen. Auf der anderen Seite war fast die gesamte Warenpalette aus der Produktion des Westens und in Teilen des Ostens in den **Intershop-Filialen** zu erhalten.

Disko für die Jugend – das Angebot reichte oft nicht aus

Diskotheken fanden seit den 70er Jahren besonders bei Jugendlichen großen Anklang. Regen Zuspruch erreichten die Veranstaltungen im **„Zentralen Klub der Jugend und Sportler"** in der Elsterstraße, aber auch in den **Jugendklubhäusern** in den Stadtbezirken oder den betrieblichen Einrichtungen wie dem **„Klubhaus der Eisenbahner"** in der Elisabethstraße. Darüber hinaus fanden an verschiedenen Schulen

„Schuldiskos" statt. Nach wie vor galt bei allen Tanz- und Musikveranstaltungen die Regel 60:40, wobei mindestens 60 Pro-

Disko während des VI. Turn- und Sportfestes der DDR 1977 in der Freiluftgaststätte „Börde-Altmarkt-Treff".

zent der aufgeführten Musiktitel von Komponisten der DDR oder aus anderen sozialistischen Ländern zu spielen waren. Die Diskjockeys mussten eine Zulassung/Einstufung erwerben und regelmäßig an staatlichen Schulungen teilnehmen.

Diese Jugendtanzveranstaltungen gingen durchaus nicht immer friedlich ab. Die Jugendlichen wollten Spaß und Abwechslung, dabei blieben in Leipzig nach entsprechendem Alkoholgenuss gelegentliche Schlägereien oder andere Ruhestörungen nicht aus. **Wohin zum Tanz?** – Das fragten sich viele Jugendliche, für die das Angebot an Tanzveranstaltungen und Diskotheken nicht ausreichte.

Trotz der unter dem Motto **„Freizeit mit Pfiff"** offerierten Veranstaltungen der Jugendtanzgaststätte „Zentrum", der Tanzbar „Esplanade", des **„Cafés Schauspielhaus"**, der **„Roten Diskothek"**, der **Tanzgaststätte Probstheida** oder des **„Gutenbergkellers"** fanden besonders an den Wochenenden viele junge Leute keinen Einlass, weil die Plätze einfach nicht ausreichten.

... und Ehekredit

Als Ende der 1960er Jahre die Geburtenrate immer weiter zurückging, traten am 1. Juli 1972 neue „sozialpolitische" Maßnahmen zur Förderung junger Ehen und zur positiven Beeinflussung der Geburtenentwicklung in Kraft. Junge Eheleute zwischen 18 und 26 Jahren mit einem gemeinsamen monatlichen Bruttoeinkommen unter 1 400 Mark erhielten einen zinslosen Kredit in Höhe von 5 000 Mark. Bei der Geburt von Kindern innerhalb der Rückzahlungsfrist von acht Jahren wurden beim 1. Kind 1 000, beim 2. Kind nochmals 1 500 sowie beim 3. Kind die restlichen 2 500 Mark erlassen. Diese Kredite förderten das junge Heiratsalter ab 18 Jahren und die frühe Geburt von Kindern, die der Staat durch das Bereitstellen preisgünstiger Plätze in Kinderkrippen und Kindergärten weiter unterstützte.

Der Ehekredit wurde meist für die Ausstattung der ersten gemeinsamen Wohnung genutzt. Auch bei 5 000 Mark galt es genau zu überlegen, was am sinnvollsten gekauft wurde. Durch den Erwerb eines Schwarz-Weiß-Fernsehers waren bereits 1 500 Mark ausgegeben; eine Schrankwand oder Polstermöbelgarnitur kostete zwischen 1 500 und 2 000 Mark, ein Kühlschrank über 1 000 Mark, während Küchenmöbel oder die dringend benötigte Waschmaschine ebenfalls mit 1 000 bis 1 500 Mark zu Buche schlugen.

Mit der „Bimmel" in die Stadt und dann zum Treffen beim Blumen-Hanisch

Die Redewendung **„Wir fahren in die Stadt"** hat sich bis heute bei den Leipzigern erhalten. Gemeint war damit zu DDR-Zeiten die Fahrt mit der **„Bimmel"** ins Stadtzentrum, die meist am Hauptbahnhof oder am Augustusplatz endete. Typisch war dabei die Verwendung von Straßenbezeichnungen wie Eisenbahnstraße oder Augustusplatz aus der Vorkriegszeit, die bereits 1945 in Ernst-Thälmann-Straße oder Karl-Marx-Platz umbenannt worden waren. Man verabredete sich weiter an der „Grünen Schänke" oder der Markuskirche in Reudnitz, obwohl die Gaststätte langst geschlossen und die Kirche 1978 abgerissen worden war. In der Innenstadt waren solche Treffpunkte zum Beispiel der Mendebrunnen vor dem (Neuen) Gewandhaus, bei Blumen-Hanisch an der Goethe-/ Ecke Grimmaische Straße, bei „Goethe" (gemeint war das Goethe-Denkmal") am Naschmarkt oder eben ein markanter Punkt am Hauptbahnhof.

Die Leipziger und ihre Gäste wussten auch zu DDR-Zeiten die Gemütlichkeit der Freisitze in der Innenstadt zu schätzen, wie hier auf dem Naschmarkt vor der Alten Börse mit Blick auf das Goethe-Denkmal, 1979.

Karl-Marx-Platz (Augustusplatz) mit dem Interhotel am Ring, dem Versicherungshochhaus, Gewandhaus mit Mendebrunnen, 1983.

75

Von hier aus schlenderte man gemeinsam durch das von den Ringstraßen umschlossene Stadtzentrum. Kaum Jemand sagte zu DDR-Zeiten „Zentrum" oder „City", man ging oder fuhr eben einfach **„in die Stadt"** und das schloss alle Einkaufs- und Freizeitaktivitäten ein. Neben den Cafés und Restaurants, den Kaufhäusern und zahlreichen Fachgeschäften, die alle bequem zu Fuß zu erreichen waren, boten sich hier vielfältige Möglichkeiten, den individuellen Wünschen und Neigungen nachzugehen. Da waren zum Beispiel die traditionellen Kinobesuche im **„Capitol"** in der Petersstraße oder im **Filmkunsttheater „Casino"** am Neumarkt. Als nach und nach wegen Baufälligkeit immer mehr Kinos in den Außenbezirken schließen mussten, blieb sowieso nur der Weg in die Innenstadt. Hier waren die Besucherreihen gleichbleibend gut gefüllt. Beliebt waren Lustspiele, Musikfilme, die so genannten **Mantel-und-Degen-Filme** mit Alain Delon, Jean Marais und Gerard Philippe oder die **DEFA-Indianer-Filme** mit Gojko Mitic. Aber auch amerikanische und italienische Produktionen ließen die Besucher ins Kino strömen, da die meisten nicht warten wollten, bis gute Filme Jahre später im Fernsehen zu sehen waren.

Leipzig in den 80er Jahren – dem Ende entgegen

Nichts geht mehr seinen „sozialistischen Gang"

Viele Dinge des Alltags in den 80er Jahren glichen den Abläufen in den vorangegangenen Jahrzehnten. So ziemlich alles ging auf den ersten Blick seinen **„geregelten sozialistischen Gang"**. Über allem stand die gängige Losung der Partei- und Staatsführung, **„alles für das Wohl des Volkes"** zu tun. Rein äußerlich erschien die DDR in den achtziger Jahren als heile Welt. In keinem anderen Zeitraum war das Lebensniveau so hoch wie in den Jahren bis zum Ende der DDR. Bereits 1983 lag der Ausstattungsgrad je 100 Haushalte für Waschmaschinen bei 92,7, für Fernsehgeräte bei 106,0 und für Kühlschränke bei 107,1. Bis 1989 stieg die Anzahl der Wohnungen, die über ein Bad oder eine Dusche verfügten, auf über 80 Prozent. Gut die Hälfte aller Haushalte besaß inzwischen einen Pkw.

Allerdings zeigte das Erscheinungsbild im Inneren bereits deutliche Risse, wie zum Beispiel die immer maroder werdenden Straßen und Altbauten oder die Belastungen der Umwelt. Dadurch wuchs die

Unzufriedenheit der Bürger mit dem politischen System und vor allem den unhaltbaren materiellen Zuständen vor Ort immer weiter an. Geringe Mieten, ein überdimensionaler Wohnungsneubau, durchschnittlich nur 16,5 Pfennig für jede Straßenbahnfahrt, unabhängig von der Länge und der Fahrtstrecke, niedrige Eintrittspreise bei Theater und Kino, hohe Subventionen bei Lebensmitteln – diese Preispolitik trug immer mehr zur Verschuldung der DDR bei. Schlangestehen, Kompensationsgeschäfte, Hochpreismärkte, minderwertige Produkte – kurz, die Versorgungsmängel beherrschten nicht nur in Leipzig den Alltag bis hin zu den Demonstrationen im Herbst 1989.

VMI und „Mach-mit" – Mobilisierung der Bevölkerung

Staatliche Fehlplanungen im Arbeitsalltag und im gesamten öffentlichen Leben sollten durch die verstärkte Einbeziehung „aller Werktätigen" ausgeglichen werden. Im Rahmen der **„Volkswirtschaftlichen Masseninitiative"** (VMI) leisteten die Leipziger zumeist kollektiv und unentgeltlich zusätzliche **Arbeitseinsätze**. Diese wurden unter den Aktionen **„Goldene Hausnummer"** und **„Mach-mit-Wettbewerb"**

Leipziger Schüler beim Einsatz gegen die Schneemassen in der Leipziger Innenstadt, Peterssteinweg, am 3. Januar 1979.

in den Wohngebieten zur Verschönerung des eigenen Wohnumfelds initiiert. Neben dem Frühjahrs- und Herbstputz im Stadtgebiet entstanden durch die Hausgemeinschaften Grünflächen in Kindergärten oder Spiel- und Sportplätze.

In den Wintermonaten standen **Arbeitseinsätze beim Schneeräumen** oder bei der **„Beseitigung des Streugutes"** auf der Tagesordnung. Eines der letzten durch die VMI unterstützten Projekte war der Bau des **„Bowling-Zentrums"**, das 1987 eröffnet wurde und neben 14 Bowlingbahnen einen Fitnessraum, sechs Billardtische, eine Skatklause und angemessene Gastronomie am Wilhelm-Leuschner-Platz bot.

Muss Leipzig der Kohle weichen?

Vom Braunkohlebergbau im Leipziger Stadtgebiet zeugt noch heute der ehemalige **Förderturm auf der Dölitzer Flur.** Nach dem Zweiten Weltkrieg war der Dölitzer Schacht der wichtigste Kohlelieferant für die städtischen Verwaltungsgebäude und Krankenhäuser. Nachdem im Leipziger Umland weitere Tagebaue erschlossen worden waren, wurde der Schacht 1959 wegen Unrentabilität geschlossen. Auf dem Gelände entstand der **Kleine Silbersee** an der Leinestraße. Inzwischen fraßen sich die Abbraumbagger über den Auwald und Mitte der 80er Jahre nördlich über Breitenfeld immer dichter an die Stadtgrenzen heran. Wer aus Leipzig in südlicher und südwestlicher Richtung hinausfuhr, stieß auf eine wahre Mondlandschaft, geprägt von den riesigen Abraumbaggern und Kohlebändern. Einige Dörfer im Umland waren bereits „abgebaggert". Ihre Bewohner erhielten teilweise in Leipzig-Probstheida oder Grünau Neubauwohnungen zugewiesen. Die Leipziger, die förmlich auf Kohle saßen, stellten sich manchmal die bange Frage, ob sich die Funktionäre im Wirtschaftsrat des Bezirkes und der Regierung der DDR für die Kohleförderung im Stadtgebiet entscheiden würden. Teile des Areals wurden zwar devastiert, aber die **Bürgerbewegung** um 1989 trug wesentlich zur Erhaltung der Landschaft bzw. zum Fluten der bisherigen Tagebaurestlöcher bei. Heute freuen sich die Leipziger über die neu entstandene **„Neu-Seenlandschaft"** und nutzen die Bade- und Ausflugsmöglichkeiten vor der Haustür.

Gut gekauft – gern gekauft?

Dieses Motto prangte oft auf den in den Kaufhallen und Einzelhandelsgeschäften verwendeten Papiertüten. Aufwändige und teure Verpackungen bildeten ebenso wie Hochglanzwerbung in der DDR die Ausnahmen. Allerdings wurden in Spezialgeschäften und bei Waren im gehobenen Preissegment durchaus auch Geschenkkartons verwendet. Die Spezialgeschäfte führten seit Mitte der 1970er Jahre Namen wie **„Boutique für die Dame"** oder **„Schuh-Salon".** Die Frage der Kunden **„Haben Sie dies ... haben Sie jenes?"** gehörte in der DDR-Verkaufskultur nicht nur in den frühen Jahren zum Standard. Die Antwort der Verkäuferinnen überraschte die wenigsten: **„Ham' wir nich!"** Bis zuletzt entschied das aktuelle Angebot beim Fleischer über die Speisenfolge am Wochenende. Nach teilweise längeren Wartezeiten in den üblichen Schlangen blieb keine Zeit zum langen Überlegen – es hieß, kaufen und zu Hause abwägen, was daraus gekocht werden kann. Je nach allgemeiner Versorgungslage musste man sich mit Streichwurstsorten und Schweinefleisch begnügen oder konnte zwischen Steak und Kassler bis hin zum Lachsschinken auswählen.

Das Einkaufszentrum am Wohnhochhaus Wintergartenstraße öffnete am 7. Juli 1975. In der Fruchthalle „Hortex" wurden Obst, Gemüse, Konserven und Getränke verkauft. Neben der großen Kaufhalle gab es außerdem einen Spätverkauf und einen Bereich für die Sonntagsöffnung. Das Einkaufszentrum wurde 1987 noch aufwändig rekonstruiert, schloss aber 1998. Mittlerweile ist das Gebäude abgerissen.

Anfang der 1980er Jahre wanderten immer mehr Sortimente aus den Kaufhallen in die sehr teuren **Feinschmeckerläden,** die in der Bevölkerung **„Fress-Ex"** hießen. Aber nur wenige Leipziger verfügten über das erforderliche Westgeld in Form der Forum-Schecks, um sich im Intershop Zigaretten, Kosmetika, Matchbox-Autos für die Kinder oder Alkoholika zu kaufen. Auf der anderen Seite war es aber kaum möglich, eine Dienstleistung ohne Westgeld schnell zu erhalten. Egal, ob für die **Autoreparatur,** den **Wohnungs- oder Hausausbau** – überall waren horrende Preise zu zahlen. Glück hatte, wer als Kompensation Zugang zu Mangelwaren wie Fliesen oder Zement bieten konnte.

Freie Tische, keine Plätze: „Sie werden plaziert"

Wie in anderen Bereichen blieben im Gastgewerbe die Preise über Jahrzehnte stabil. Eine Soljanka kostete 1,50 Mark, ein Glas Bier 40 Pfennig. Die Köchinnen und Köche, die Kellnerinnen und Kellner, selbst die Gaststättenleiter, verdienten wenig. In den Gaststätten fand sich immer häufiger der Hinweis **„Sie werden plaziert",** sogar wenn viele Tische frei waren. Dies wurde von den Leipzigern und ihren Gästen mit Unmut aufgenommen. Man hatte ständig das Gefühl, vom Wohlwollen der Bedienung abhängig zu sein.

Leipzigs höchstgelegenes Café im Hochhaus der Universität bot auf 120 m Höhe nicht nur erlesene Speisen und Getränke, sondern einen atemberaubenden Blick über die Dächer der Stadt. In wenigen Sekunden konnte man seit 1974 per Fahrstuhl die Gaststätte erreichen.

Insgesamt ging die Zahl der Plätze in Gaststätten zurück, auch, weil nicht immer alle baulichen Mängel behoben werden konnten. So musste der **„Goldbroiler"** in der Hainstraße schließen. Als Ersatz konnte der Broilerverkauf nur in einem Verkaufsstand im **„Imbißzentrum Lips"** an der Petersstraße organisiert werden. 1986 wurden auch das **„Ringcafé"** und das Hochhauscafé am Karl-Marx-Platz wegen Renovierungsarbeiten geschlossen. Dafür eröffneten das **„Café Fregehaus"** und die **„Fledermausbar"** in der Katharinenstraße, die **Gosenschänke „Ohne Bedenken"** in der Menckestraße oder das **„Schwalbennest"** in Grünau.

Andere Gaststätten veränderten teilweise ihr Angebot mit internationalen Gerichten wie **„Landschreibers Pizzeria"** in der Ritterstraße. Das **„Mühlen-Csarda"** lockte mit einer „Gulasch-Party" oder „Ungarischen Abenden". Zu den beliebten Ausflugsgaststätten am Wochenende zählten weiterhin das **„Forsthaus Raschwitz"** oder das **„Haus Auensee"**, selbst wenn die gastronomischen Einrichtungen längere Zeit wegen Rekonstruktionsmaßnahmen geschlossen waren.

Leipzig - eine Stadt der Bücher

Die DDR war ein **Leseland.** Diese Einschätzung traf insbesondere auf die Leipziger zu.

Lesen war eine der wichtigsten Freizeitbeschäftigungen. Dies lag u.a. an den relativ niedrigen Buchpreisen sowie am dichten Netz der allgemeinen öffentlichen und wissenschaftlichen Bibliotheken in Leipzig, die kostenlos genutzt werden konnten. Die Fahrbibliothek erreichte praktisch jeden Stadtteil. Daneben verfügten viele Schulen über eigene Schulbibliotheken. In großen Betrieben standen gewerkschaftlich betriebene Büchereien zur Verfügung. Darüber hinaus besaß Leipzig als **Stadt des Buchdrucks,** des **Buchhandels** und der **Verlage** eine lange Tradition, die durch die schweren Kriegszerstörungen und die danach erfolgten Verstaatlichungen zwar gebremst wurde, aber nie aufgehört hatte. Seit 1979 etablierte sich der **„Leipziger Buchmarkt"** auf dem Marktplatz. Gespräche mit Schriftstellern und die Suche nach Raritäten unter den sonst oft nur mit „guten Beziehungen" erhältlichen Publikationen lockten jährlich tausende Leipziger und auswärtige Buchliebhaber an und die rund 60 Stände waren immer dicht umlagert.

Immer dicht umlagert – die Stände auf den Leipziger Buchmärkten vor dem Alten Rathaus, hier im September 1983.

Wehrkundeunterricht wurde 1989 abgesetzt

Zu den unangenehmen Erinnerungen der letzten Schülergeneration der DDR zählte der Wehrkundeunterricht, der ab 1. September 1978 für Schüler der 9. und 10. Klasse der POS eingeführt wurde. Hintergrund war der Versuch, die sinkenden Zahlen bei Bewerbern für die Berufs-unteroffizierslaufbahn bei der Nationalen Volksarmee (NVA) zu stoppen. Dies gelang jedoch nicht, viele Eltern versuchten im Gegenteil, eine Befreiung ihrer Kinder zu erreichen, indem sie religiöse oder pazifistische Gründe anführten. Bereits Anfang November 1989 wurde dieser Unterricht an den Leipziger Schulen vom Lehrplan abgesetzt.

Ist Leipzig noch zu retten?

Arbeitskräftemangel und fehlende Ersatzteile führten zu Ausfällen auch im Bereich des Nahverkehrs. Zur weiteren **Verschmutzung der Stadt** trug neben den ungenügenden Kapazitäten bei der Stadtreinigung vor allem der hohe **Kohlenmonoxid-Ausstoß** durch die immer noch überwiegend mit **Kohleöfen** zu beheizenden Wohnungen, die Kraftwerke und Betriebe sowie die **Autoabgase** bei.

Seit Ende der siebziger Jahre begann in Leipzig die Sanierung einzelner Wohngebiete wie zum Beispiel der **Inneren Westvorstadt**. Damit verbunden war allerdings der Flächenabriss ganzer Altbauviertel. Nur selten führten **Proteste** wie im Gebiet um die Biedermannstraße in **Connewitz** zum Erfolg. An einigen Gebäuden wurden Schilder mit der Aufschrift „**Haus noch bewohnt**" angebracht, um diese vor illegalen Plünderungen und der Abrissbirne zu schützen. Ansonsten konnte es schon passieren, dass plötzlich Haustür oder Treppengeländer nicht mehr vorhanden waren.

Schutz vor unberechtigten Entnahmen und der drohenden Abrissbirne ...

Auf der anderen Seite standen international anerkannte Beispiele für das Können der Architekten und Baufachleute wie die Übergabe des Neuen Gewandhauses am damaligen Karl-Marx-Platz (heute Augustusplatz) am 8. Oktober 1981.

Bis zum Ende der DDR war jedoch der weitere Verfall der Altbausubstanz nicht zu stoppen. Waren erst einmal die Dächer undicht, dauerte es nicht lange, bis sich das Regenwasser seinen Weg in die unteren Etagen bahnte und sich Taubenkolonien einnisteten. Diesen Zustand dokumentierte die Fernsehreportage **„Ist Leipzig noch zu retten"** im Oktober 1989 mit deprimierenden Bildern. Nach 1990 erfüllten sich immer mehr Leipziger den Wunsch, in eine grüne und familienfreundliche Gegend umzuziehen.

Wir bleiben hier – Leipziger Friedensgebete und Montagsdemos

Viele Leipziger sahen bis Ende der 80er Jahre keine Perspektive mehr in ihrem Land und stellten **„Anträge auf Entlassung aus der Staatsbürgerschaft der DDR"**, um in die BRD übersiedeln zu können. Trotz massiver staatlicher Repressalien stieg die Zahl der Ausreisewilligen ständig an. 1989 verließen 15 000 Leipziger auf diesem Weg die Stadt, 1990 waren es nochmals über 17 000 Personen, die überwiegend in die Bundesrepublik ausreisten. Die Einwohnerzahlen verringerten sich rapide und sanken in Leipzig von 583 885 im Jahr 1970 auf 562 480 im Jahre 1980 und betrugen zum Jahresende 1990 nur noch 511 079.

Die Arbeitskräftesituation verschlechterte sich durch die Ausreise von Ärzten, Arbeitern, im Dienstleistungsbereich Beschäftigten und vor allem von Handwerkern immens. Andererseits fanden sich seit Mitte der 1980er Jahre immer mehr Leipziger, die offen für Veränderungen in der DDR eintraten. In den **„Friedensgebeten"** in der **Nikolaikirche** und den anschließenden **Montagsdemonstrationen** wurde der Ruf **„Wir bleiben hier"** immer lauter. Während der offiziellen Feierlichkeiten zum 40. Jahrestag der Gründung der DDR versammelten sich am 7. Oktober 1989 über 20 000 Bürger an der Nikolaikirche und in der Innenstadt und demonstrierten für politische Veränderungen. Fassungslos verfolgten die Leipziger am Abend im Westfernsehen, wie Polizei und Einsatzkräfte am Georgiring mit Wasserwerfern, Schlagstöcken und Hundestaffeln gegen die Menschen vorgingen. Umso mehr atmeten alle auf, als bei der Montagsdemo am 9. Oktober

1989 mit über 50 000 Teilnehmern der Ruf **„Keine Gewalt"** den fried-
lichen Verlauf der gesellschaftlichen Veränderungen einleitete. Damit
war das Ende der DDR besiegelt.

Litfaßsäule am Brühl/Hallisches Tor am
3. Oktober 1989, im Hintergrund das
Interhotel „Merkur" an der Gerberstraße.